Weiterführend empfehlen wir in der gleichen Reihe:

Schenken und erben ohne Finanzamt
ISBN 3-8029-3669-8

Vertragsbausteine: Vermögensübertragung
ISBN 3-8029-3917-4

Das aktuelle Erbrecht
ISBN 3-8029-3525-X

Erbvorsorge – jetzt!
ISBN 3-8029-3633-7

Erb-Strategie Stiftung
ISBN 3-8029-3694-9

Erb-Checkliste: Vorsorge für den Erbfall
ISBN 3-8029-3956-5

Ehegatten-Testament
ISBN 3-8029-3693-0

Profi-Handbuch Nachfolge in Familienunternehmen
ISBN 3-8029-3331-1

Checkliste Unternehmer-Testament
ISBN 3-8029-3968-9

So schreibe ich mein Testament
ISBN 3-8029-3763-5

Soll ich mein Haus übertragen?
ISBN 3-8029-3781-3

Wir freuen uns über Ihr Interesse an diesem Buch. Gerne stellen wir Ihnen zusätzliche Informationen zu diesem Programmsegment zur Verfügung.

Bitte sprechen Sie uns an:

E-Mail: walhalla@walhalla.de
http://www.walhalla.de

Walhalla Fachverlag · Haus an der Eisernen Brücke · 93042 Regensburg
Telefon (0941) 5684-0 · Telefax (0941) 5684-111

Jan Bittler

PATIENTENVERFÜGUNG

UND ANDERE VORSORGE-MÖGLICHKEITEN

So entscheiden Sie über Ihr Leben autonom

Bibliografische Information Der Deutschen Bibliothek
Die Deutsche Bibliothek verzeichnet diese Publikation in der Deutschen Nationalbibliografie;
detaillierte bibliografische Daten sind im Internet über http://dnb.ddb.de abrufbar.

Zitiervorschlag:
Jan Bittler, Patientenverfügung und andere Vorsorgemöglichkeiten
Walhalla Fachverlag, Regensburg, Berlin 2004

Hinweis: Unsere Werke sind stets bemüht, Sie nach bestem Wissen zu informieren.
Die vorliegende Ausgabe beruht auf dem Stand vom März 2004.
Verbindliche Auskünfte holen Sie gegebenenfalls bei Ihrem Rechtsanwalt ein.

5., aktualisierte Auflage

© Walhalla u. Praetoria Verlag GmbH & Co. KG, Regensburg/Berlin
Alle Rechte, insbesondere das Recht der Vervielfältigung und Verbreitung
sowie der Übersetzung, vorbehalten. Kein Teil des Werkes darf in irgendeiner Form
(durch Fotokopie, Datenübertragung oder ein anderes Verfahren) ohne schriftliche
Genehmigung des Verlages reproduziert oder unter Verwendung elektronischer
Systeme gespeichert, verarbeitet, vervielfältigt oder verbreitet werden.
Produktion: Walhalla Fachverlag, 93042 Regensburg
Umschlaggestaltung: Gruber & König, Augsburg
Druck und Bindung: Westermann Druck Zwickau GmbH
Printed in Germany
ISBN 3-8029-3774-0

Nutzen Sie das Inhaltsmenü:
Die Schnellübersicht führt Sie zu Ihrem Thema.
Die Kapitelüberschriften führen Sie zur Lösung.

Richtig vorsorgen 7

Abkürzungen 8

1 Vorsorgemöglichkeiten – auf einen Blick 9

2 Die Patientenverfügung 13

3 Formulierungshilfen für Patientenverfügungen 29

4 Die Vorsorgevollmacht 39

5 Formulierungshilfen für Vorsorgevollmachten 55

6 Die Betreuungsverfügung 75

7 Formulierungshilfen für
Betreuungsverfügungen. 83

8 Aufbewahrungsmöglichkeiten:
Patientenverfügung, Vorsorgevollmacht, Betreuungsverfügung. . . . 93

Nützliche Adressen 98

Literaturhinweise 100

Findex 101

Richtig vorsorgen

Der Gedanke an einen Unfall oder eine schwere Krankheit löst Unbehagen aus. Noch weniger möchten wir daran denken, dass wir aufgrund eines solchen Ereignisses zukünftig vielleicht nicht mehr für uns selbst sorgen können und uns in die Obhut anderer begeben müssen.

Ebenso wie der Gedanke an den eigenen Tod sind dies Vorstellungen, die oftmals verdrängt werden. Fragen wie „Was passiert mit mir, falls ich einmal im Koma liegen sollte, sind meine Angehörigen dann auch versorgt?" wurden bislang allenfalls im Stillen gedacht; eine Lösung dieser Probleme wurde jedoch nicht angegangen. Denn Gedanken, die so eng mit dem eigenen Tod verknüpft sind, galten jahrelang als ein Tabuthema.

Doch forciert durch die Medien, rückt das Thema der Vorsorge bei alters-, krankheits- oder unfallbedingter Entscheidungsunfähigkeit zunehmend in den Blickpunkt der Öffentlichkeit. Berichte über die fast unbegrenzt erscheinenden Möglichkeiten der modernen Apparatemedizin im Hinblick auf lebensverlängernde Maßnahmen wecken nicht nur Ängste in uns, sondern zeigen uns auch deutlich eine Situation auf, in der wir nicht mehr ohne weiteres unsere eigenen Entscheidungen treffen können.

So sind viele Diskussionen darüber entstanden, wie in einer solchen Situation der eigenen Entscheidungsunfähigkeit

- zum einen ein selbstverantwortliches Handeln und eigene Entscheidungsfindung gewahrt und
- andererseits nahe Angehörige finanziell abgesichert werden können.

Nachfolgend werden Ihnen die Möglichkeiten im Hinblick auf eine Vorsorge für Ihre finanziellen, aber auch persönlichen Angelegenheiten sowie die rechtlich zulässige Form von „Sterbehilfe" dargestellt.

Jan Bittler

Abkürzungen

BGB	Bürgerliches Gesetzbuch
BGH	Bundesgerichtshof
LG	Landgericht
OLG	Oberlandesgericht
SGB	Sozialgesetzbuch
StGB	Strafgesetzbuch
ZPO	Zivilprozessordnung

Vorsorgemöglichkeiten – auf einen Blick

Patientenverfügung 10

Vorsorgevollmacht 11

Betreuungsverfügung 12

Vorsorgemöglichkeiten

Patientenverfügung

Eine Patientenverfügung wird oftmals auch als Patiententestament oder Patientenbrief bezeichnet. Nicht zu verwechseln ist die Patientenverfügung mit einem Testament im herkömmlichen Sinn, das als „letzter Wille" den Nachlass nach dem eigenen Versterben regelt.

Mit einer Patientenverfügung wenden Sie sich direkt an einen behandelnden Arzt und das Pflegepersonal. Sie können dann für den Fall, dass Sie Ihre Behandlungswünsche beispielsweise aufgrund von Bewusstlosigkeit nicht mehr zum Ausdruck bringen können, Ärzten und Pflegern diese schriftlich mitteilen.

Wichtig: Der Wunsch nach einer medizinischen Maximalbehandlung kann hier ebenso zum Ausdruck gebracht werden wie der Wunsch, dass eine lebenserhaltende Maßnahme ab einem bestimmten Zeitpunkt nicht mehr durchgeführt werden soll.

Praxis-Tipp:

Eine Anweisung zu einer gezielten Lebensverkürzung, also zu einer aktiven Sterbehilfe, wird aufgrund der strafrechtlichen Konsequenz (Tötung auf Verlangen ist gemäß § 216 StGB strafbar) weder von Ärzten noch vom Pflegepersonal befolgt werden. Dies sollte vom Verfasser schon vorab beachtet werden.

§ 216 StGB Tötung auf Verlangen

(1) Ist jemand durch das ausdrückliche und ernstliche Verlangen des Getöteten zur Tötung bestimmt worden, so ist auf Freiheitsstrafe von sechs Monaten bis zu fünf Jahren zu erkennen.

(2) Der Versuch ist strafbar.

Vorsorgevollmacht

Beispiel:

Ein völlig Gesunder fasst eine Patientenverfügung ab, in der er für den Fall der irreversiblen Bewusstlosigkeit einen Verzicht auf lebenserhaltende Maßnahmen wie z. B. künstliche Ernährung verfügt. Nach einem Unfall fällt er ins Koma. Ist die Irreversibilität des Bewusstseinsverlustes des Patienten festgestellt, wird die Patientenverfügung zumindest bei der Ermittlung des mutmaßlichen Patientenwillens herangezogen und der Wille des Patienten somit im Hinblick auf seine Behandlungswünsche beachtet werden. Wird der Patientenwunsch in aller Deutlichkeit festgehalten, dann ist beispielsweise das Vormundschaftsgericht nach einem Beschluss des BGH an diesen gebunden.

Vorsorgevollmacht

Mit einer Vorsorgevollmacht wird ein Bevollmächtigter bestimmt, für den zukünftigen Fall der eigenen Geschäftsunfähigkeit oder Hilfsbedürftigkeit quasi als Stellvertreter zu handeln. Je nach Umfang der Vollmacht kann der Bevollmächtigte dabei sowohl alle Vermögensangelegenheiten als auch alle Angelegenheiten in Gesundheitsfragen regeln.

Beispiel:

Ein jung verheiratetes Ehepaar erteilt sich gegenseitig Generalvollmacht zur Regelung aller vermögensrechtlichen und persönlichen Angelegenheiten.

Der Ehemann fällt nach einem schweren Autounfall ins Koma. Zwar erwacht er hieraus sehr schnell wieder, es bleiben jedoch schwerwiegende Hirnschäden zurück, die ihn zum Pflegefall werden lassen. Zudem ist er nicht mehr geschäftsfähig.

Hier kann nun die Ehefrau weitgehend ohne Einschaltung staatlicher Institutionen wie z. B. des Vormundschaftsgerichts Ver-

Vorsorgemöglichkeiten

> mögensfragen für ihren Mann regeln und über anstehende Rehabilitationsmaßnahmen entscheiden.

Achtung: Ohne Vorsorgevollmacht hätte zur Regelung aller vermögensrechtlichen und persönlichen Angelegenheiten des Ehemannes zuerst durch das Vormundschaftsgericht ein Betreuer bestellt werden müssen. Und dies kann auch eine Person außerhalb der Familie sein.

Betreuungsverfügung

Die Betreuungsverfügung wendet sich an das Vormundschaftsgericht. In einer Betreuungsverfügung kann die Person vorgeschlagen werden, die für den Fall der eigenen psychischen Krankheit, körperlichen oder seelischen Behinderung vom Vormundschaftsgericht zum Betreuer bestellt werden soll. Gleichzeitig können Sie in der Betreuungsverfügung Anweisungen an den Betreuer festhalten.

Wichtig: Der Betreuer unterliegt der Kontrolle durch das Vormundschaftsgericht.

> **Beispiel:**
>
> Eine ältere Witwe lebt ohne nähere Angehörige allein zu Hause in ihrer Eigentumswohnung.
>
> Sie kennt niemanden, dem sie für den Fall ihrer eigenen Hilflosigkeit eine Vollmacht erteilen könnte. Dennoch will sie erreichen, dass sie in einem speziellen Seniorenheim gepflegt wird.
>
> Mit einer Betreuungsverfügung kann sie daher festlegen, in welchem Seniorenheim sie gepflegt werden möchte. Gleichzeitig kann sie auch beispielsweise anordnen, dass die Eigentumswohnung zur Deckung der Kosten des Pflegeheims verkauft werden soll.

Die Patientenverfügung

2

Das sollten Sie wissen! 15

In welcher Form ist eine Patientenverfügung abzufassen? 16

Wie sollte die Patientenverfügung
aufbewahrt werden? 17

Wann ist eine Patientenverfügung
verbindlich? 17

Welche Rolle spielt
das Vormundschaftsgericht? 19

Kann die Patientenverfügung
unwirksam werden? 21

Welche Regelungen können
getroffen werden? 22

Kann aktive Sterbehilfe
verlangt werden? 23

Sind Behandlungsabbruch bzw. lebensverkürzende Maßnahmen möglich? 24

Muss ein Wunsch nach medizinischer Maximalbehandlung befolgt werden? 25

Kombination mit Betreuungsverfügung oder Vorsorgevollmacht möglich? 25

Interessante Fallbeispiele 25

Das sollten Sie wissen!

Mit einer Patientenverfügung kann der Patient eine Willensäußerung im Hinblick auf eine zukünftige Behandlung für den Fall seiner späteren Äußerungsunfähigkeit abgeben. So kann er bestimmen, ob und in welchem Umfang in bestimmten, näher beschriebenen Krankheitssituationen medizinische Maßnahmen eingesetzt bzw. unterlassen werden sollen.

Mit dem scheinbar unaufhaltbaren Fortschritt der Medizin müssen Krankheit und Tod nicht mehr als unabwendbares Schicksal hingenommen werden.

Während einerseits die Erwartungen an die moderne Medizin ständig steigen, steht auf der anderen Seite eine Angst vor dem anonymen „Dahinvegetieren", nur noch am Leben gehalten von der modernen Intensivmedizin mit ihren unzähligen Apparaten.

Vor diesem Hintergrund ist die Diskussion um die Patientenverfügung entstanden. Sie soll dem Patienten einerseits sein Recht auf Selbstbestimmung gewährleisten und andererseits den behandelnden Ärzten helfen, eine Entscheidung im Interesse des Patienten zu treffen.

Wichtig: Daher kann jedem nur geraten werden, sich über seine Wünsche für den Fall der eigenen Entscheidungsunfähigkeit in einer medizinischen Extremsituation klar zu werden und nach einer eigenen Auseinandersetzung mit dieser Thematik seinen Willen, sei dieser nun auf Lebensverlängerung oder Leidensverkürzung gerichtet, in einer entsprechenden Patientenverfügung darzulegen.

Die Patientenverfügung

> **Praxis-Tipp:**
> Die Patientenverfügung findet nur Berücksichtigung, sofern der Patient selbst keinen Behandlungswunsch mehr äußern kann. Der Wille eines einwilligungsfähigen Patienten geht der Patientenverfügung immer vor.

In welcher Form ist eine Patientenverfügung abzufassen?

Eine besondere Form ist gesetzlich nicht vorgeschrieben. Es ist weder erforderlich eine Patientenverfügung schriftlich abzufassen noch notariell erstellen zu lassen. Entbehrlich ist gleichfalls das Hinzuziehen von Zeugen bei der Abfassung oder eine Beglaubigung der Unterschrift durch einen Notar.

Dennoch empfiehlt sich dringend aus Beweis- und Praktikabilitätsgründen die Patientenverfügung schriftlich abzufassen.

Der Verfasser der Patientenverfügung muss einsichts- und urteilsfähig sein, also über die geistige und sittliche Reife verfügen, über sein Selbstbestimmungsrecht in Gesundheitsangelegenheiten eigenverantwortlich bestimmen zu können.

Achtung: Entscheidend ist, dass Sie als Patient um Art und Schwere einer möglichen Erkrankung wissen und das Wesen, die Bedeutung und die Tragweite eines ärztlichen Eingriffs bzw. einer Behandlung ebenso erkennen können wie die Folgen Ihrer Verweigerung von medizinisch indizierten Maßnahmen bzw. eines Behandlungsabbruchs. Daher sollte der Erstellung einer Patientenverfügung immer ein Beratungsgespräch mit einem Arzt Ihres Vertrauens vorausgehen.

Sinnvoll ist es auch, die Patientenverfügung zu unterschreiben und diese Unterschrift in nicht allzu langen Zeitabständen zu erneuern. Dadurch dokumentieren Sie, dass Ihr ursprünglich gefasster Wille nach wie vor aufrechterhalten wird.

Wie sollte die Patientenverfügung aufbewahrt werden?

Die Patientenverfügung muss auf jeden Fall im Original aufgefunden werden und die behandelnden Ärzte und das Pflegepersonal müssen hiervon Kenntnis erlangen.

Zu beachten ist, dass eine Verwahrung bei den Vormundschaftsgerichten nicht möglich ist. Anderes gilt z.T. nur, wenn die Patientenverfügung im Rahmen einer Vorsorgevollmacht oder Betreuungsverfügung erklärt wird. Hier gelten dann von Bundesland zu Bundesland unterschiedliche Durchführungsrichtlinien (vgl. hierzu auch Seite 94 ff.).

> **Praxis-Tipp:**
> Am besten stellen Sie sicher, dass nahe Angehörige von der Existenz und dem Aufbewahrungsort Kenntnis haben und die Patientenverfügung den behandelnden Ärzten zuleiten können. Gegebenenfalls wird auch Ihr Hausarzt Ihren Behandlungswunsch in die Patientenkartei aufnehmen.

Wann ist eine Patientenverfügung verbindlich?

Nach wie vor umstritten ist die Frage, ob dem in einer Patientenverfügung zum Ausdruck gebrachten Wunsch entsprochen werden muss. Diese Frage wird von Juristen kontrovers diskutiert. Insbeson-

Die Patientenverfügung

dere wird gegen eine Verbindlichkeit der Patientenverfügung immer wieder vorgebracht, diese sei, da meist in gesunden Tagen abgefasst, kein Anhaltspunkt für den Willen eines Patienten in einer konkreten Behandlungssituation. Denn in ausweglosen Situationen wachse oftmals die Hoffnung und damit gehe eine Willensänderung des Patienten einher.

Grundsätze zur ärztlichen Sterbebegleitung

Wichtig für Sie als Verfasser einer Patientenverfügung ist letztlich, inwieweit Ihr Wunsch vom behandelnden Arzt bzw. dem Pflegepersonal bei einer Entscheidung über weitere Behandlungsmaßnahmen berücksichtigt wird.

Neben einer ganz persönlichen Entscheidungsfindung des Arztes dürften dabei insbesondere die von der Bundesärztekammer abgefassten Grundsätze zur ärztlichen Sterbebegleitung vom 11.09.1998 Beachtung finden, die unter anderem wie folgt lauten:

> „Patientenverfügungen sind verbindlich, sofern sie sich auf die konkrete Behandlungssituation beziehen und keine Umstände erkennbar sind, dass der Patient sie nicht mehr gelten lassen würde."

Sofern keine konkrete Behandlungssituation in der Patientenverfügung bezeichnet ist, lässt sich den Grundsätzen der Bundesärztekammer zur ärztlichen Sterbebegleitung vom 11.09.1998 weiter entnehmen, dass Patientenverfügungen eine wesentliche Hilfe für das Handeln des Arztes sind.

> Sind keine anderen Anhaltspunkte gegeben, „so hat der Arzt so zu handeln, wie es dem mutmaßlichen Willen des Patienten in der konkreten Situation entspricht. Der Arzt hat den mutmaßlichen Willen aus den Gesamtumständen zu ermitteln. Eine besondere Bedeutung kommt hierbei einer früheren Erklärung des Patienten zu".

Diese Meinung wird insbesondere auch in der Rechtsprechung vertreten, so z. B. vom OLG Frankfurt am Main.

Und in der von der Bundesärztekammer ausgearbeiteten „Handreichung für Ärzte im Umgang mit Patientenverfügungen" wird der folgende Hinweis gegeben:

> „Grundsätzlich gilt der in der Patientenverfügung geäußerte Wille des Patienten, es sei denn, es liegen konkrete Anhaltspunkte vor, die auf eine Veränderung seines Willens schließen lassen. Da Patientenverfügungen jederzeit formlos widerruflich sind, muss vom behandelnden Arzt geprüft werden, ob Anhaltspunkte für eine Willensänderung vorliegen. Um Zweifel an der Verbindlichkeit älterer Verfügungen zu beseitigen, empfiehlt es sich, diese in regelmäßigen Abständen zu bestätigen oder zu ergänzen."

Nach Meinung der Berliner Ärztekammer sollten Patientenverfügungen sogar generell verbindlich sein.

Im Ergebnis lässt sich feststellen, dass zumindest über den Umweg der Ermittlung des mutmaßlichen Patientenwillens die Patientenverfügung Berücksichtigung finden wird, wobei sie dann von zentraler Bedeutung ist.

Welche Rolle spielt das Vormundschaftsgericht?

Muss das Vormundschaftsgericht die Entscheidung, lebenserhaltende Maßnahmen aufgrund des schriftlichen Patientenwunsches zu beenden, genehmigen? Die Bundesärztekammer empfiehlt, bei der Frage nach der Beendigung lebenserhaltender Maßnahmen im Vorfeld der Sterbephase das Vormundschaftsgericht anzurufen, um eine rechtliche Absicherung zu erhalten. Eine diesbezüglich gesetzliche Regelung besteht jedoch nicht.

Die Patientenverfügung

Die Rechtsprechung beurteilt diese Frage unterschiedlich.

- Das OLG Frankfurt ist der Auffassung, dass das Vormundschaftsgericht analog § 1904 BGB eine solche Maßnahme genehmigen muss, wobei der in der Patientenverfügung festgelegte Wille des Patienten jedoch vom Gericht zu berücksichtigen ist.
- Andererseits kommt das LG München zu dem Ergebnis, dass eine vormundschaftsgerichtliche Genehmigung für lebensbeendende Maßnahmen nicht erforderlich sei. Vielmehr haben Ärzte und Angehörige über lebensbeendende Maßnahmen in eigener Verantwortung zu entscheiden.
- Der BGH kommt zu dem Ergebnis, dass im Falle der Einwilligungsunfähigkeit eines Patienten und eines irreversiblen und tödlichen Verlaufs des Grundleidens lebenserhaltende oder -verlängernde Maßnahmen dann unterbleiben müssen, wenn dies dem zuvor – etwa in der Form einer Patientenverfügung – geäußerten Patientenwillen entspricht. Allerdings ist das Vormundschaftsgericht letztlich immer dann zuständig, wenn Ärzte sich gegen die in einer Patientenverfügung niedergelegten Behandlungswünsche, insbesondere gegen einen Abbruch lebenserhaltender oder -verlängernder Maßnahmen aussprechen.

§ 1904 BGB Genehmigung des Vormundschaftsgerichts bei ärztlichen Maßnahmen

(1) Die Einwilligung des Betreuers in eine Untersuchung des Gesundheitszustands, eine Heilbehandlung oder einen ärztlichen Eingriff bedarf der Genehmigung des Vormundschaftsgerichts, wenn die begründete Gefahr besteht, dass der Betreute auf Grund der Maßnahme stirbt oder einen schweren und länger dauernden gesundheitlichen Schaden erleidet. Ohne die Genehmigung darf die Maßnahme nur durchgeführt werden, wenn mit dem Aufschub Gefahr verbunden ist.

(2) Absatz 1 gilt auch für die Einwilligung eines Bevollmächtigten. Sie ist nur wirksam, wenn die Vollmacht schriftlich erteilt ist und die in Absatz 1 Satz 1 genannten Maßnahmen ausdrücklich umfasst.

Praxis-Tipp:

- Angehörige, Bevollmächtigte oder Betreuer sollten sich mit einer Patientenverfügung immer direkt an die behandelnden Ärzte wenden. Sprechen sich diese gegen den schriftlich niedergelegten Behandlungswunsch aus, sollte umgehend das Vormundschaftsgericht angerufen werden.

- Da auch das Vormundschaftsgericht bei seiner Entscheidung die Patientenverfügung berücksichtigen wird, ist mit einer in aller Deutlichkeit abgefassten Patientenverfügung sichergestellt, dass Ihr Wunsch im Hinblick auf die Einleitung lebensbeendender Maßnahmen beachtet wird.

Wichtig: Nach der Rechtsprechung des BGH gebietet es die Würde des Menschen, sein in einwilligungsfähigem Zustand ausgeübtes Selbstbestimmungsrecht auch dann noch zu respektieren, wenn er zu eigenverantwortlichem Entscheiden nicht mehr in der Lage ist. Wird der Wunsch des Patienten nach einem Behandlungsabbruch in aller Deutlichkeit festgehalten, so ist das Vormundschaftsgericht hieran gebunden. Das Abfassen einer Patientenverfügung kann daher nur dringend empfohlen werden! Wer Fehler vermeiden will, die zu Lasten einer deutlichen Formulierung gehen, wendet sich am besten an einen auf diesem Rechtsgebiet erfahrenen Rechtsanwalt. Dieser kann dann auch bei späteren Konflikten mit Ärzten und Vormundschaftsgerichten helfend zur Seite stehen.

Kann die Patientenverfügung unwirksam werden?

Unwirksam wird eine Patientenverfügung insbesondere, indem Sie sie widerrufen. Ein solcher Widerruf braucht weder schriftlich noch sprachlich erfolgen. Hier genügt schon ein Zeichen mit den Augen oder ein Kopfnicken auf die entsprechende Frage des Arztes oder des Pflegepersonals.

Die Patientenverfügung

Solange kein Widerruf erfolgt, bleibt die Patientenverfügung wirksam. Auch bei einer Patientenverfügung älteren Datums darf nicht davon ausgegangen werden, dass der darin geäußerte Wille nicht mehr gelten soll und die Patientenverfügung insgesamt unwirksam ist.

Um die Aktualität des Patientenwunsches gegenüber jeglicher anderer Vermutung zu schützen, kann die Patientenverfügung in periodischen Abständen erneut mit Datum versehen und unterschrieben werden. Dieses Kriterium der Aktualität wird seitens des BGH allerdings nicht mehr gefordert.

Welche Regelungen können getroffen werden?

Nach Möglichkeit sollte eine Patientenverfügung den genauen Wunsch festhalten, welche Maßnahmen Ärzte im Hinblick auf einen zu erwartenden Krankheitsverlauf für den Fall der Entscheidungsunfähigkeit des Patienten treffen bzw. unterlassen sollen.

Liegt also ein medizinischer Befund bei einer Erkrankung vor, sollte nach umfassender ärztlicher Aufklärung eine individuelle, auf das eigene Krankheitsbild und dessen Verlauf bezogene Patientenverfügung abgefasst werden.

Nur für den Fall, dass kein spezifisches Krankheitsbild im Zeitpunkt der Abfassung der Patientenverfügung vorliegt, sollte diese allgemein gehalten werden.

Grundsätzlich sind zwei verschiedene Fallkonstellationen zu unterscheiden:

- Einmal kann der Wunsch nach einem Behandlungsabbruch festgehalten werden.
- Zum anderen kann der Wunsch auf Fortführung einer Behandlung und auf medizinische Maximalbetreuung niedergelegt werden.

Kann aktive Sterbehilfe verlangt werden?

Daneben können Anweisungen zu konkreten Behandlungswünschen erteilt werden, beispielsweise ob

- eine Bluttransfusion vorgenommen werden darf?
- eine Organtransplantation erfolgen darf?
- noch nicht zugelassene Medikamente eingesetzt werden dürfen?

Kann aktive Sterbehilfe verlangt werden?

Niemand wird letztlich einen Wunsch befolgen, der ihn in die Gefahr einer strafrechtlichen Verurteilung bringt. Nun stellt sich die Frage, inwieweit ein Sterbewunsch Berücksichtigung finden kann, ohne dass sich beispielsweise der befolgende Arzt in die Gefahr einer strafbaren Handlung begibt.

Als aktive Sterbehilfe bezeichnet man die Verkürzung des verlöschenden Lebens durch eine aktive Einflussnahme auf den Krankheits- und Sterbeprozess vor Eintritt des Hirntodes.

Wer eine solche aktive Handlung durchführt und damit letztlich ursächlich für den Tod des Patienten wird, ist unabhängig vom Vorliegen einer entsprechenden Patientenverfügung strafbar gemäß § 216 StGB (siehe Seite 10).

Wird der Wunsch nach einer eigenen aktiven Tötung in einer Patientenverfügung festgelegt, wird dieser im Hinblick auf strafrechtliche Konsequenzen wohl schwerlich befolgt werden können.

Grundsätze zur ärztlichen Sterbebegleitung

Die Grundsätze der Bundesärztekammer zur ärztlichen Sterbebegleitung vom 11.09.1998 führen zu den Pflichten des Arztes bei Sterbenden wie folgt aus:

> „Eine gezielte Lebensverkürzung durch Maßnahmen, die den Tod herbeiführen oder das Sterben beschleunigen sollen, ist unzulässig und mit Strafe bedroht."

Die Patientenverfügung

Sind Behandlungsabbruch bzw. lebensverkürzende Maßnahmen möglich?

Eine gezielte Schmerzlinderung wird im Allgemeinen selbst dann für straflos erachtet, wenn sie nicht nur zu einer Bewusstseinstrübung führt, sondern auch eine lebensverkürzende Wirkung mit sich bringt. Ein dahin gehender Wunsch des Patienten ist unter strafrechtlichen Gesichtspunkten nicht zurückzuweisen.

Bei einem bereits eingesetzten Sterbevorgang stehen rechtliche Hindernisse dem Wunsch, auf lebensverlängernde Maßnahmen wie künstliche Beatmung, Bluttransfusion oder künstliche Ernährung zu verzichten, nicht entgegen.

Wenn der Sterbevorgang selbst noch nicht eingesetzt hat, der Patient aber unheilbar erkrankt ist, kann der Abbruch einer ärztlichen Behandlung ausnahmsweise zulässig sein. Ein entsprechender Wunsch ist daher zu befolgen.

Grundsätze zur ärztlichen Sterbebegleitung

Gemäß den Grundsätzen der Bundesärztekammer zur ärztlichen Sterbebegleitung vom 11.09.1998 ist der Arzt sogar verpflichtet,

> „Sterbenden, d. h. Kranken oder Verletzten mit irreversiblem Versagen einer oder mehrerer vitaler Funktionen, bei denen der Tod in kurzer Zeit zu erwarten ist, so zu helfen, dass sie in Würde zu sterben vermögen. Die Hilfe besteht neben palliativer Behandlung in Beistand und Sorge für Basisbetreuung.
>
> Maßnahmen zur Verlängerung des Lebens dürfen in Übereinstimmung mit dem Willen des Patienten unterlassen und nicht weitergeführt werden, wenn diese nur den Todeseintritt verzögern und die Krankheit in ihrem Verlauf nicht mehr aufgehalten werden kann. Bei Sterbenden kann die Linderung des Leidens so im Vordergrund stehen, dass eine möglicherweise unvermeidbare Lebensverkürzung hingenommen werden kann."

Muss ein Wunsch nach medizinischer Maximalbehandlung befolgt werden?

Ein Wunsch nach medizinischer Maximalbehandlung kann nur im Rahmen des generellen Heil- und Pflegeauftrags eines Arztes bindend sein. Sind die Maßnahmen nicht mehr medizinisch indiziert, kann ein Arzt auch durch Patientenverfügung nicht dahin gehend gezwungen werden.

Kombination mit Betreuungsverfügung oder Vorsorgevollmacht möglich?

Eine Patientenverfügung lässt sich sinnvoll mit einer Betreuungsverfügung oder einer Vorsorgevollmacht kombinieren.

Damit behandelnde Ärzte, Angehörige oder gegebenenfalls das Vormundschaftsgericht die Wünsche des Patienten berücksichtigen, ist es sinnvoll, hier einen Bevollmächtigten zu benennen und diesen mit der Aufgabe zu betrauen, die in der Patientenverfügung geregelten Wünsche dann auch gegenüber Dritten durchzusetzen. Damit wird eine Gewähr geschaffen, dass der Patientenwille tatsächlich umgesetzt wird.

Gleiche Anweisung kann auch in einer Betreuungsverfügung als Anweisung für den Betreuer abgefasst werden.

Interessante Fallbeispiele

1. Fall

Wird beispielsweise bei einem bewusstlosen Unfallopfer eine Patientenverfügung aufgefunden, die unter anderem Reanimationsmaßnahmen untersagt, wird dennoch eine Erstversorgung am Unfallort durchgeführt.

Die Patientenverfügung

In einer solchen Situation ist noch nicht absehbar, ob die Unfallverletzungen letztlich zum Tode führen werden. Nur bei einem unheilbaren Krankheitsverlauf ist der Abbruch bzw. die Nichtvornahme einer ärztlichen Maßnahme zulässig.

2. Fall

Verfasst ein unheilbar Kranker eine Patientenverfügung, sollte er am besten – bereits schon bevor er selbst entscheidungsunfähig wird – sich rechtzeitig mit dem behandelnden Arzt besprechen.

So können spezifische Wünsche des Patienten auf den zu erwartenden Krankheitsverlauf und damit auf konkrete Behandlungssituationen abgestimmt werden. Darüber hinaus kann der Arzt hier direkt schon den Wunsch des Patienten erfahren, so dass die Akzeptanz, entsprechend der Patientenverfügung zu handeln, wesentlich erhöht wird. Die Patientenverfügung dient in diesem Fall auch dem Arzt, die gemeinsam mit dem Patienten besprochenen Behandlungswünsche nach außen hin klarstellen zu können.

> **Praxis-Tipp:**
> Es gilt, das Gespräch mit den behandelnden Ärzten zu suchen, Angehörige dabei einzubinden und eine Patientenverfügung abzufassen, die auf den konkreten Krankheitsverlauf einschließlich möglicherweise auftretender Komplikationen eingeht.

3. Fall

Sofern ein Gesunder für den Fall eigener irreversibler Bewusstlosigkeit Behandlungswünsche regeln möchte, ist dies mit einer Patientenverfügung möglich.

Interessante Fallbeispiele

Tritt dann ein solcher Fall tatsächlich ein, wird die Abklärung der Frage, ob der Bewusstseinsverlust tatsächlich irreversibel ist, einige Zeit bedürfen.

Dabei wird allein schon wegen der Notwendigkeit weiterer Entscheidungen des Vormundschaftsgerichts ein Betreuer bestellt werden, wenn keine Vorsorgevollmacht zugunsten eines Bevollmächtigten erstellt wurde.

Wichtig: Die in der Patientenverfügung geregelten Wünsche werden dabei letztlich von allen bei einer Entscheidungsfindung Beteiligten beachtet werden.

Praxis-Tipp:
Mangels nicht vorhersehbaren Verlaufs des Krankheitsbildes ist eine individuelle, auf einen zu erwartenden Krankheitsverlauf bezogene Patientenverfügung nicht möglich. Es empfiehlt sich daher, die Wünsche allgemein zu halten.

Formulierungshilfen für Patientenverfügungen

3

Patientenverfügung mit Wunsch nach
Behandlungsabbruch 30

Patientenverfügung mit Wunsch nach
medizinischer Maximalbehandlung ... 34

> Bei allen Formulierungsbeispielen handelt es sich
> lediglich um Anregungen, die wegen der anwalt-
> lichen oder notariellen Einzelfallgestaltung selbst-
> verständlich keinen Anspruch auf Vollständigkeit
> beziehungsweise ungeprüfte Übernahmefähigkeit
> erheben können.

Formulierungshilfen für Patientenverfügungen

Patientenverfügung mit Wunsch nach Behandlungsabbruch

Sofern die Patientenverfügung zu einem Zeitpunkt abgefasst wird, in dem der Verfügende kein spezifisches Krankheitsbild aufweist, kann eine Orientierung an folgender Formulierung erfolgen. Sobald ein medizinischer Befund über eine Erkrankung vorliegt, sollte nach umfassender ärztlicher Aufklärung eine individuelle, auf das Krankheitsbild und dessen Verlauf bezogene Patientenverfügung abgefasst werden.

Patientenverfügung

von: ....

Name: ....

Vorname: ....

Geburtsdatum: ....

Straße: ....

PLZ/Wohnort: ....

Für den Fall, dass ich nicht mehr in der Lage sein sollte, meine Angelegenheiten selbst zu regeln, verfüge ich im jetzigen Vollbesitz meiner geistigen Kräfte und in voller Kenntnis von Inhalt und Tragweite meines hier geäußerten Willens als Anweisung an die mich behandelnden Ärzte wie folgt:

Wenn bei schwerstem körperlichem Leiden oder Verletzungen, Dauerbewusstlosigkeit sowie fortschreitendem geistigem Verfall auch vor Endstadium einer tödlich verlaufenden Krankheit und vor Eintritt des eigentlichen Sterbevorgangs keine Aussicht mehr auf Besserung im Sinne eines für mich erträglichen und umweltbezogenen Lebens mit eigener Persönlichkeitsgestaltung besteht,

Wunsch nach Behandlungsabbruch

- sollen an mir keine lebenserhaltenden Maßnahmen (z. B. Wiederbelebung, Beatmung, Dialyse, Bluttransfusion, Medikamente) vorgenommen werden bzw. bereits begonnene abgebrochen werden,
- wünsche ich keine Ernährung durch Magensonde und Magenfistel,
- wünsche ich keine Antibiotikagabe bei fieberhaften Begleitinfekten,
- wünsche ich weitestgehende Beseitigung von Begleitsymptomen, insbesondere von Schmerzen; eine damit unter Umständen verbundene Lebensverkürzung nehme ich in Kauf,
- wünsche ich mir geistlichen Beistand durch:
  Name/Vorname: ....
  Adresse: ....
  Telefonnummer: ....
- wünsche ich, dass mein Hausarzt:
  Name/Vorname: ....
  Adresse: ....
  Telefonnummer: ....
- sowie folgende Person:
  Name/Vorname: ....
  Adresse: ....
  Telefonnummer: ....
  verständigt werden, um mir persönlichen Beistand zu leisten,
- bin ich mit einer Obduktion zur Befunderklärung einverstanden/ nicht einverstanden,
- bin ich mit einer Organentnahme einverstanden (mein Organspendeausweis liegt dieser Verfügung anbei).

Die in dieser Verfügung getroffenen Entscheidungen erfolgten nach eingehender und reiflicher Überlegung und stellen meine generelle ethische Grundeinstellung zu Fragen eines Behandlungsabbruchs dar. In einer konkreten Situation, in der über einen Behandlungsabbruch der

Formulierungshilfen für Patientenverfügungen

an mir vorgenommenen Heilmaßnahmen zu entscheiden ist, bitte ich meine behandelnden Ärzte, diese Patientenverfügung als verbindlich anzunehmen und entsprechend meinem Willen zu verfahren. Eine andere Entscheidung als die hier zum Ausdruck gebrachte kommt für mich nicht in Frage. Ich wurde durch den Arzt

Name/Vorname: ....

Adresse: ....

Telefonnummer: ....

zu medizinischen Fragen dieser Patientenverfügung betreffend aufgeklärt, insbesondere zu Fragen eines Abbruchs lebenserhaltender und -verlängernder Maßnahmen.

Rechtsanwältin/
Rechtsanwalt: ....

Name/Vorname: ....

Adresse: ....

Telefonnummer: ....

hat mich in juristischer Hinsicht über die rechtlichen Auswirkungen dieser Patientenverfügung eingehend beraten.

Für den Fall, dass für mich ein Betreuer bestellt wird, ist dieser ebenfalls an diese Erklärung gebunden. Meine in dieser Patientenverfügung abgegebenen Erklärungen gelten dann als Betreuungsverfügung. Zum Betreuer schlage ich vor:

Name/Vorname: ....

Adresse: ....

Telefonnummer: ....

....
Ort, Datum

....
Verfügender

Wunsch nach Behandlungsabbruch

Die nachfolgend aufgeführten Zeugen bestätigen, dass der/die Verfügende die Patientenverfügung im Vollbesitz der geistigen Kräfte verfasst hat.

1. Zeuge:
Name: ....
Vorname: ....
Geburtsdatum: ....
Straße: ....
PLZ/Wohnort: ....
Datum, Unterschrift: ....

2. Zeuge:
Name: ....
Vorname: ....
Geburtsdatum: ....
Straße: ....
PLZ/Wohnort: ....
Datum, Unterschrift: ....

Diese Patientenverfügung entspricht nach wie vor meinem Willen:

....
Ort, Datum

....
Verfügender

....
Ort, Datum

....
Verfügender

Formulierungshilfen für Patientenverfügungen

Patientenverfügung mit Wunsch nach medizinischer Maximalbehandlung

Bindend kann ein solcher Behandlungswunsch nur im Rahmen des generellen Heil- und Pflegeauftrags des Adressaten sein. Insbesondere zu Maßnahmen, die nicht mehr medizinisch indiziert sind, kann der Arzt auch auf diesem Weg nicht gezwungen werden.

Patientenverfügung

von: ....

Name: ....

Vorname: ....

Geburtsdatum: ....

Straße: ....

PLZ/Wohnort: ....

Für den Fall, dass ich nicht mehr in der Lage sein sollte, meine Angelegenheiten selbst zu regeln, verfüge ich im jetzigen Vollbesitz meiner geistigen Kräfte und in voller Kenntnis von Inhalt und Tragweite meines hier geäußerten Willens wie folgt:

In der Hoffnung und dem Vertrauen auf den medizinischen Fortschritt und die damit verbundene Hoffnung auf zukünftige Heilung derzeit unheilbar erscheinender Krankheiten und Verletzungen wünsche ich in jedem Stadium einer möglichen Erkrankung oder Verletzung, auch bei einer infausten Prognose oder einem bereits eingetretenen Sterbevorgang, dass mir eine optimale medizinische Maximalbehandlung gewährt wird.

Dabei bin ich auch damit einverstanden und wünsche ausdrücklich, dass auch neue, noch nicht zugelassene Medikamente und nicht allgemein anerkannte bzw. zugelassene Behandlungsmethoden zur Anwendung kommen.

Wunsch nach medizinischer Maximalbehandlung

Des Weiteren

- wünsche ich mir geistlichen Beistand durch:
  Name/Vorname: ....
  Adresse: ....
  Telefonnummer: ....

- wünsche ich, dass mein Hausarzt:
  Name/Vorname: ....
  Adresse: ....
  Telefonnummer: ....

- sowie folgende Person:
  Name/Vorname: ....
  Adresse: ....
  Telefonnummer: ....
  verständigt werden, um mir persönlichen Beistand zu leisten,

- bin ich mit einer Obduktion zur Befunderklärung einverstanden/ nicht einverstanden,

- bin ich mit einer Organentnahme zur Organspende nicht einverstanden/einverstanden.

Die in dieser Verfügung getroffenen Entscheidungen erfolgten nach eingehender und reiflicher Überlegung und stellen meine generelle ethische Grundeinstellung zu Fragen eines Behandlungsabbruchs dar. In einer konkreten Situation, in der über einen Behandlungsabbruch der an mir vorgenommenen Heilmaßnahmen zu entscheiden ist, bitte ich meine behandelnden Ärzte, diese Patientenverfügung als verbindlich anzunehmen und entsprechend meinem Willen zu verfahren. Eine andere Entscheidung als die hier zum Ausdruck gebrachte kommt für mich nicht in Frage. Ich wurde durch den Arzt:

Name/Vorname: ....
Adresse: ....
Telefonnummer: ....

Formulierungshilfen für Patientenverfügungen

zu medizinischen Fragen dieser Patientenverfügung betreffend aufgeklärt, insbesondere zu Fragen eines Abbruchs lebenserhaltender und -verlängernder Maßnahmen und einer medizinischen Maximalbehandlung.

Rechtsanwältin/
Rechtsanwalt: ....

Name/Vorname: ....

Adresse: ....

Telefonnummer: ....

hat mich in juristischer Hinsicht über die rechtlichen Auswirkungen dieser Patientenverfügung eingehend beraten.

Für den Fall, dass für mich ein Betreuer bestellt wird, ist dieser ebenfalls an diese Erklärung gebunden. Meine in dieser Patientenverfügung abgegebenen Erklärungen gelten dann als Betreuungsverfügung. Zum Betreuer schlage ich vor:

Name/Vorname: ....

Adresse: ....

Telefonnummer: ....

....
Ort, Datum

....
Verfügender

Die nachfolgend aufgeführten Zeugen bestätigen, dass der/die Verfügende die Patientenverfügung im Vollbesitz der geistigen Kräfte verfasst hat.

1. Zeuge:
Name: ....

Vorname: ....

Wunsch nach medizinischer Maximalbehandlung

Geburtsdatum: ....
Straße: ....
PLZ/Wohnort: ....
Datum, Unterschrift: ....

2. Zeuge:
Name: ....
Vorname: ....
Geburtsdatum: ....
Straße: ....
PLZ/Wohnort: ....
Datum, Unterschrift: ....

Diese Patientenverfügung entspricht nach wie vor meinem Willen:

....
Ort, Datum

....
Verfügender

....
Ort, Datum

....
Verfügender

Die Vorsorgevollmacht

4

Das sollten Sie wissen! 40

Wann ist eine Vorsorge-
vollmacht nötig? 40

Was ist beim Abfassen
der Vollmacht zu beachten? 42

Welche Inhalte können
festgelegt werden? 45

Wie sollte sie aufbewahrt werden? 51

Wie kann dem Missbrauch
der Vollmacht vorgebeugt werden? ... 51

Welche Pflichten hat
der Bevollmächtigte? 53

Die Vorsorgevollmacht

Das sollten Sie wissen!

Während sich die Patientenverfügung direkt an die behandelnden Ärzte wendet, wird mittels einer Vorsorgevollmacht ein Bevollmächtigter ernannt, der sich dann einerseits um alle finanziellen Angelegenheiten (die so genannten „vermögensrechtlichen Angelegenheiten") kümmert und darüber hinaus Entscheidungen im Hinblick auf ärztliche Behandlungen und sonstige im Rahmen einer Pflege oder Betreuung erforderlichen Maßnahmen (die so genannten „persönlichen Angelegenheiten") an Stelle des Vollmachtgebers trifft.

Die Vorsorgevollmacht ist damit ein weiteres Instrument, um die Ausübung des Selbstbestimmungsrechts für den Fall der eigenen Entscheidungsunfähigkeit zu gewährleisten. Dabei besteht die Besonderheit, dass die Ausübung des Selbstbestimmungsrechts auf eine Person oder auch mehrere Personen des eigenen Vertrauens übertragen wird und diese dann für die Beachtung des eigenen Willens bei allen anfallenden Entscheidungen sorgen.

Wichtig: Ein weit verbreiteter Irrtum ist, dass Eheleute sich bei Geschäften oder auch der Ausübung von Patientenrechten gegenseitig vertreten könnten bzw. auch nahen Angehörigen solche Rechte zustehen würden. Dies ist bislang aber nicht gesetzlich geregelt! Wer solch eine Regelung wünscht, muss eine Vorsorgevollmacht abfassen.

Wann ist eine Vorsorgevollmacht nötig?

Vermögensverwaltung

Sollten Sie vorübergehend oder dauerhaft zur Regelung Ihrer persönlichen und finanziellen Angelegenheiten außer Stande sein, wird durch die Vorsorgevollmacht gewährleistet, dass Ihre Interessen durch eine Person Ihres Vertrauens vertreten werden. Insbesondere

Wann ist eine Vorsorgevollmacht nötig?

der Gefahr einer mangelhaften Verwaltung Ihres Vermögens sowie der Gefahr, gegen Ihren tatsächlichen Willen Dritten „ausgeliefert" zu sein, wird somit vorgebeugt.

Absicherung der Erben

Weiterhin ist zu beachten, dass mit der Testamentserrichtung allein die Absicherung der Erben nicht gewährleistet wird. Erbstreitigkeiten führen oftmals dazu, dass über das Nachlassvermögen, insbesondere die Konten, nicht verfügt werden kann. Das gesamte Vermögen liegt somit brach.

Mit Hilfe einer Vollmacht, die über den eigenen Tod hinaus wirksam ist (die so genannte „transmortale Vollmacht"), kann dieser Gefahr vorgebeugt werden, denn der Bevollmächtigte kann auch ohne Erteilung eines Erbscheins über das Nachlassvermögen verfügen. So wird sichergestellt, dass beispielsweise Beerdigungskosten problemlos beglichen werden können und das Vermögen im Übrigen weiter verwaltet werden kann.

Wichtig: Gerade im Hinblick auf sich zunehmend im Nachlassvermögen befindliche Wertpapierdepots, die naturgemäß eine flexible und schnelle Verwaltung benötigen, um optimale Gewinne zu erwirtschaften, erscheint eine Vollmacht über den Tod hinaus auch im Interesse der Erben unabdingbar. Mit einer entsprechenden Klausel kann die Vorsorgevollmacht hier problemlos in ihrer Wirkung über den Tod hinaus erweitert werden.

Persönliche Angelegenheiten und Gesundheitsfragen

Da im Fall der eigenen Handlungsunfähigkeit bzw. Hilfsbedürftigkeit auch Entscheidungen persönlicher Natur anfallen, wie z. B. Auswahl des Krankenhauses, der Behandlungs- und Therapiemethoden, Unterbringung in einem Pflegeheim oder häusliche Betreuung etc., kann auch hier durch Hilfe einer Vollmacht (die so genannte

Die Vorsorgevollmacht

"Vollmacht für persönliche Angelegenheiten") Vorsorge getroffen werden.

Sofern eine Vorsorgevollmacht auch für diesen Bereich abgefasst wird, wird die Gefahr, dass Behörden, Gerichte und Berufsbetreuer an Stelle eines persönlichen Vertrauten über die Lebensgestaltung des Betroffenen entscheiden, deutlich verringert.

Denn an Stelle eines Betreuers wird eine Person des eigenen Vertrauens als Bevollmächtigter die Entscheidungen nach den Wünschen des Betroffenen treffen.

Was ist beim Abfassen der Vollmacht zu beachten?

Wichtig ist, dass derjenige, der die Vollmacht ausstellt, im Zeitpunkt der Ausstellung geschäftsfähig sein muss. Ansonsten kann eine Vollmacht nicht wirksam erteilt werden.

Eine besondere Form ist gesetzlich nicht vorgeschrieben. Weder ist es erforderlich, die Vollmacht schriftlich abzufassen noch notariell erstellen zu lassen. Gleichfalls entbehrlich ist das Hinzuziehen von Zeugen oder eine Unterschriftsbeglaubigung durch einen Notar.

Achtung: Sinnvoll und damit auch empfehlenswert ist es aber immer, eine Vollmacht schriftlich zu erteilen. Nur so hat ein Gegenüber die Möglichkeit, die Bevollmächtigung schnell und problemlos überprüfen zu können. Dies gilt insbesondere dann, wenn die Vollmacht über den Tod hinaus gelten soll.

Bei Vollmachten zur Abwicklung umfangreicher Geschäfte ist es im Hinblick auf einen erhöhten Beweiswert darüber hinaus sinnvoll, die Vollmacht notariell beurkunden zu lassen. Dies gilt insbesondere bei Grundstücksgeschäften, die durch den Bevollmächtigten abgewickelt werden sollen. Wird die Vollmacht unwideruflich erteilt,

Abfassen der Vollmacht

muss sie zwingend notariell beurkundet werden, soll mit ihr auch ein Grundstücksgeschäft abgewickelt werden.

> **Praxis-Tipp:**
>
> - Im Bereich der Bank- und Kontovollmachten akzeptieren viele Banken nur Vollmachten, die unter Verwendung der bankeigenen Vollmachtsformulare erstellt werden. Dies sollte vorab mit der Bank geklärt werden.
> - Eine bereits erteilte General- oder Kontovollmacht kann auch im Nachhinein seitens der Bank beglaubigt werden.

Besonderheiten gelten jedoch dann, wenn die Vollmacht auch eine Entscheidungsbefugnis zur Einwilligung in Untersuchungen des Gesundheitszustandes, eine Heilbehandlung oder einen ärztlichen Eingriff enthält, mit der begründeten Gefahr, dass der Patient aufgrund der Maßnahme stirbt oder einen schweren und länger dauernden gesundheitlichen Schaden erleidet oder zur Unterbringung verbunden mit einer Freiheitsentziehung (beispielsweise in eine geschlossene Anstalt). Hier muss die Vollmacht in schriftlicher Form erteilt werden.

Hierbei ist zu beachten, dass nach derzeit geltender Rechtsprechung es dringend geboten ist, die einzelnen Maßnahmen und Bereiche, für die die Vollmacht gelten soll, ausdrücklich und so genau wie möglich in der Vollmacht zu beschreiben. Dabei empfiehlt sich die Übernahme des Wortlautes der hier einschlägigen §§ 1904, 1906 BGB. Im Folgenden finden Sie daher §§ 1904, 1906 BGB im Wortlaut abgedruckt.

§ 1904 BGB Genehmigung des Vormundschaftsgerichts bei ärztlichen Maßnahmen

(1) Die Einwilligung des Betreuers in eine Untersuchung des Gesundheitszustands, eine Heilbehandlung oder einen ärzt-

Die Vorsorgevollmacht

lichen Eingriff bedarf der Genehmigung des Vormundschaftsgerichts, wenn die begründete Gefahr besteht, dass der Betreute auf Grund der Maßnahme stirbt oder einen schweren oder länger dauernden gesundheitlichen Schaden erleidet. Ohne die Genehmigung darf die Maßnahme nur durchgeführt werden, wenn mit dem Aufschub Gefahr verbunden ist.

(2) Absatz 1 gilt auch für die Einwilligung eines Bevollmächtigten. Sie ist nur wirksam, wenn die Vollmacht schriftlich erteilt ist und die in Absatz 1 Satz 1 genannten Maßnahmen ausdrücklich umfasst.

§ 1906 BGB Genehmigung des Vormundschaftsgerichts bei der Unterbringung

(1) Eine Unterbringung des Betreuten durch den Betreuer, die mit Freiheitsentziehung verbunden ist, ist nur zulässig, solange sie zum Wohl des Betreuten erforderlich ist, weil

1. auf Grund einer psychischen Krankheit oder geistigen oder seelischen Behinderung des Betreuten die Gefahr besteht, dass er sich selbst tötet oder erheblichen gesundheitlichen Schaden zufügt, oder

2. eine Untersuchung des Gesundheitszustands, eine Heilbehandlung oder ein ärztlicher Eingriff notwendig ist, ohne die Unterbringung des Betreuten nicht durchgeführt werden kann und der Betreute auf Grund einer psychischen Krankheit oder geistigen oder seelischen Behinderung die Notwendigkeit der Unterbringung nicht erkennen oder nicht nach dieser Einsicht handeln kann.

(2) Die Unterbringung ist nur mit Genehmigung des Vormundschaftsgerichts zulässig. Ohne die Genehmigung ist die Unterbringung nur zulässig, wenn mit dem Aufschub Gefahr verbunden ist; die Genehmigung ist unverzüglich nachzuholen.

(3) Der Betreuer hat die Unterbringung zu beenden, wenn ihre Voraussetzungen wegfallen. Er hat die Beendigung der Unterbringung dem Vormundschaftsgericht anzuzeigen.

(4) Die Absätze 1 bis 3 gelten entsprechend, wenn dem Betreuten, der sich in einer Anstalt, einem Heim oder einer sonstigen Einrichtung aufhält, ohne untergebracht zu sein, durch mechanische Vorrichtungen, Medikamente oder auf andere Weise über einen längeren Zeitraum oder regelmäßig die Freiheit entzogen werden soll.

(5) Die Unterbringung durch einen Bevollmächtigten und die Einwilligung eines Bevollmächtigten in Maßnahmen nach Absatz 4 setzt voraus, dass die Vollmacht schriftlich erteilt ist und die in den Absätzen 1 und 4 genannten Maßnahmen ausdrücklich umfasst. Im Übrigen gelten die Absätze 1 bis 4 entsprechend.

Welche Inhalte können festgelegt werden?

Auswahl des Bevollmächtigten

Das Wichtigste einer Vorsorgevollmacht ist die richtige Auswahl des Bevollmächtigten. Der Bevollmächtigte muss nicht nur das absolute Vertrauen genießen, sondern darüber hinaus geeignet sein, die ihm übertragenen Aufgaben auch erledigen zu können. Neben einem sprichwörtlichen „blinden Vertrauen" ist daher auch erforderlich, dass entsprechendes Wissen und Sachverstand, aber auch ausreichendes Durchsetzungsvermögen zur Erledigung aller Aufgaben beim Bevollmächtigten vorhanden sind.

Wichtig: Gerade auch im Hinblick auf einen möglichen Missbrauch der Vollmacht muss die Auswahl des Bevollmächtigten überaus sorgfältig erfolgen!

Die Vorsorgevollmacht

> **Grundvoraussetzungen
> für einen geeigneten Bevollmächtigten**
>
> - Ein gegenseitiges und schon über einen längeren Zeitraum bestehendes Vertrauensverhältnis zwischen Vollmachtgeber und Bevollmächtigtem.
> - Kenntnis und Sachverstand zur Regelung der finanziellen Angelegenheiten.
> - Insbesondere bei Vollmachten im persönlichen Bereich muss der Bevollmächtigte neben der Kenntnis der Grundeinstellung und der Wünsche des Vollmachtgebers auch Verständnis hierfür aufbringen.
> - Der Bevollmächtigte muss die Fähigkeit und Zeit besitzen, die Wünsche des Vollmachtgebers gegenüber Dritten, insbesondere gegenüber Ärzten, Vormundschaftsgerichten und staatlichen Institutionen vertreten zu können.

Immer zu beachten ist dabei auch, dass es bei verwandtschaftlichen und freundschaftlichen Bindungen bei gewissen Entscheidungssituationen zu einem Konflikt zwischen den Interessen des Vollmachtgebers und des Bevollmächtigten kommen kann.

> **Praxis-Tipp:**
> - Sofern Bedenken hinsichtlich des Bevollmächtigten bestehen, können durch entsprechende juristische Klauseln Kontrollmechanismen eingefügt werden.
> - Gegebenenfalls sollte aber auf das Instrument der Betreuungsverfügung zurückgegriffen werden. Bei Problemfällen sollte immer ein Rechtsanwalt oder Notar konsultiert werden.

Bei der Auswahl des Bevollmächtigten sind des Weiteren die gesetzlichen Voraussetzungen zu beachten. Demnach muss der Bevollmächtigte als solcher geeignet sein. Eine geschäftsunfähige Person kann daher nicht Bevollmächtigter werden. Im Übrigen reichen aber

Welche Inhalte können festgelegt werden?

bloße Zweifel am Charakter oder den intellektuellen Möglichkeiten nicht aus, um eine Person ungeeignet werden zu lassen.

Achtung: Probleme kann es geben, wenn ein Bevollmächtigter ausgewählt wird, der in einem Abhängigkeitsverhältnis oder in einer anderen engen Beziehung zu einer Anstalt, einem Heim oder einer sonstigen Einrichtung, in welcher der Vollmachtgeber untergebracht ist oder wohnt, steht.

Wenngleich diese Personen nicht generell davon ausgeschlossen sind, als Bevollmächtigte tätig zu werden, kann im Einzelfall seitens des Vormundschaftsgerichts ein Betreuer bestellt werden, falls dieses feststellt, dass die Bevollmächtigung den Interessen des Vollmachtgebers zuwiderläuft.

Festlegen der Vollmachtsart

Je nachdem, welche Aufgaben zu erledigen sind, können hierfür verschiedene Vollmachtsformen gewählt werden, wie Einzel- oder Generalvollmacht.

Einzelvollmacht

Sollen nur einzelne Aufgaben erfüllt werden, kann jede Aufgabe mit einer entsprechenden Einzelvollmacht übertragen werden, so z. B. eine Kontovollmacht.

Generalvollmacht

Soll hingegen eine vollständige Übertragung aller Angelegenheiten erfolgen, ist eine Generalvollmacht zur Regelung aller vermögensrechtlichen und persönlichen Angelegenheiten abzufassen. Selbstverständlich kann eine Vollmacht auch nur zur Vertretung in allen vermögensrechtlichen Angelegenheiten oder nur zur Vertretung in allen persönlichen Angelegenheiten erteilt werden.

Die Vorsorgevollmacht

Wichtig: Je nach Sinn und Zweck der Vollmacht kann diese auf eine Gültigkeit zu Lebzeiten begrenzt werden, über den Tod hinaus ihre Gültigkeit behalten bzw. erst mit dem Tode gültig werden.

Befugnisse des Bevollmächtigten

Grundsätzlich bestimmt der Vollmachtgeber, wie weit die Befugnisse des Bevollmächtigten reichen sollen.

Mit Ausnahme der so genannten höchstpersönlichen Rechtsgeschäfte wie Eheschließung, Testamentserrichtung und dem Wahlrecht kann der Bevollmächtigte somit alle Rechtsgeschäfte vornehmen, die auch der Erblasser selbst hätte vornehmen können.

Vermögensrechtliche Angelegenheiten

Im Rahmen beispielsweise einer Bank- und/oder Kontovollmacht darf der Bevollmächtigte Überweisungen und Abhebungen für den Vollmachtgeber tätigen.

Er darf aber keinesfalls für eigene Zwecke Gelder verwenden, wie oftmals fälschlicherweise angenommen wird.

Achtung: Mit der Vollmachtserteilung erhält der Bevollmächtigte keine Berechtigung, das Vermögen des Vollmachtgebers für eigene Zwecke zu verwenden – „Eine Vollmacht ist keine Schenkung!"

> **Praxis-Tipp:**
>
> Soll der Bevollmächtigte sich auch selbst beschenken dürfen – beispielsweise Gelder von Konten zu eigenen Gunsten verwenden – so ist dies ausdrücklich vertraglich zu regeln. Zwecks juristisch eindeutiger Regelung und Streitvermeidung empfiehlt es sich, einen Rechtsanwalt oder Notar aufzusuchen.

Welche Inhalte können festgelegt werden?

Persönliche Angelegenheiten

Die Befugnisse des Bevollmächtigten hinsichtlich persönlicher Angelegenheiten orientieren sich an den gesetzlich geregelten Befugnissen eines Betreuers.

Achtung: Eine exakte Differenzierung zwischen dem vermögensrechtlichen und persönlichen Bereich einer Vollmacht ist dabei vielfach nicht möglich, da diese Angelegenheiten ineinander übergreifen.

So wird beispielsweise bei der Frage, ob eine Rehabilitationsmaßnahme durchgeführt werden soll, nicht nur die persönliche Vorstellung des Patienten von Bedeutung sein, sondern auch die Frage, wie diese Maßnahme bezahlt werden kann. Und damit sind sowohl Fragen des vermögensrechtlichen als auch des persönlichen Bereichs betroffen.

> **Praxis-Tipp:**
>
> Um die Bestellung eines Betreuers zu vermeiden, sollte der Bevollmächtigte sowohl zur Vertretung in persönlichen als auch vermögensrechtlichen Angelegenheiten durch die Vollmacht umfangreich ermächtigt sein.

Im Übrigen gilt auch bei der Vollmacht für persönliche Angelegenheiten, dass der Vollmachtgeber regeln kann, welche Befugnisse der Bevollmächtigte haben soll.

Grundsätzlich ist es möglich, dem Bevollmächtigten die Entscheidungsbefugnis darüber zu übertragen, ob ärztliche Untersuchungen und Behandlungen vorgenommen oder Heilbehandlungen abgebrochen werden sollen, ob Maßnahmen der Unterbringung in einer geschlossenen Einrichtung oder einer geschlossenen Station sowie freiheitsentziehende oder beschränkende Maßnahmen (beispielsweise das Anbringen von Bettgittern, das Fixieren mit einem

Die Vorsorgevollmacht

Gurt, die Verabreichung von Schlafmitteln und Psychopharmaka) und alle sonstigen Maßnahmen, die den Vollmachtgeber daran hindern, sich frei zu bewegen, zu ergreifen sind. Bei Fragen, z. B. wo sich der Vollmachtgeber aufhalten soll und mit wem dieser Kontakt haben darf, sowie bei Entscheidungen über die Aufnahme in ein Pflegeheim, Hospiz, Krankenhaus sowie ähnlichen Einrichtungen als auch bei der Auflösung der bisherigen Wohnung kann dem Bevollmächtigten die Entscheidungsbefugnis gleichfalls übertragen werden.

Wichtig: Der Vollmachtgeber kann darüber hinaus alle seine Belange so regeln, dass seine bisherigen Lebensgewohnheiten im Rahmen des tatsächlich Möglichen auch in der Zukunft beibehalten werden können.

Achtung: Trotz einer wirksamen Bevollmächtigung muss der Bevollmächtigte die Genehmigung des Vormundschaftsgerichtes einholen, bevor über folgende Maßnahmen entschieden werden kann:

- die Einwilligung in eine Untersuchung des Gesundheitszustandes, eine Heilbehandlung oder einen ärztlichen Eingriff, wenn die begründete Gefahr besteht, dass der Patient aufgrund der Maßnahme stirbt oder einen schweren oder länger dauernden gesundheitlichen Schaden erleidet.
- bei der Einwilligung in den Abbruch lebenserhaltender oder -verlängernder Maßnahmen bei infauster Prognose, also in dem Fall, dass bei einem aussichtslosen Krankheitsverlauf der Tod des Patienten unausweichlich sein wird, aber der eigentliche Sterbevorgang noch nicht eingesetzt hat.
- bei Entscheidungen über die Unterbringung.
- bei Entscheidungen über freiheitsentziehende oder beschränkende Maßnahmen.

Dem Missbrauch der Vollmacht vorbeugen

Wie sollte sie aufbewahrt werden?

Wichtig ist, die Vorsorgevollmacht so aufzubewahren, dass diese im Bedarfsfall auch zur Verwendung kommen kann. Sinnvoll ist daher die Aufbewahrung mit den sonstigen wichtigen persönlichen Dokumenten.

Möglich ist es auch, die Vorsorgevollmacht einem Dritten zur Verwahrung zu geben, beispielsweise einem Notar, Rechtsanwalt oder auch dem Hausarzt.

Eine gerichtliche Hinterlegung ist nur eingeschränkt möglich (vgl. hierzu Seite 94 ff.).

Wie kann dem Missbrauch der Vollmacht vorgebeugt werden?

Vorbeugend kommt es zum Schutz vor Missbrauch insbesondere darauf an, eine besonders vertrauenswürdige Person zum Bevollmächtigten zu ernennen.

Bei der Gestaltung der Vollmacht sollte darauf geachtet werden, dass die Befugnisse des Bevollmächtigten genau geregelt werden.

Um einen zukünftigen Streit zu vermeiden, gilt es auch zu regeln, ob der Bevollmächtigte beispielsweise eine Vergütung erhalten soll oder Vermögen des Vollmachtgebers für sich selbst verwenden darf.

Solange der Vollmachtgeber geschäftsfähig ist, kann er die Vollmacht jederzeit widerrufen, sofern er einen Verdacht gegenüber dem Bevollmächtigten hegt.

Kann der Vollmachtgeber den Bevollmächtigten selbst nicht mehr überwachen, kann seitens des Vormundschaftsgerichts ein Kontroll- oder Vollmachtsbetreuer bestellt werden. Dies ist jedoch nur dann möglich, wenn konkrete Umstände vorliegen, die darauf hindeuten, dass der Bevollmächtigte bewusst zum Nachteil des Vollmachtge-

Die Vorsorgevollmacht

bers handelt. Dieser kann dann gegebenenfalls bei weiterem Missbrauch die Vollmacht widerrufen und Schadenersatzansprüche geltend machen.

Wichtg: Da ein Kontrollbetreuer nur bei einem konkreten Anlass zu bestellen ist, kann es sinnvoll sein, schon bei der Gestaltung der Vollmacht Klauseln in die Vollmacht aufzunehmen, die einen Missbrauch verhindern können:

- Soll der Bevollmächtigte beispielsweise gewisse Aufgaben selbst nicht erledigen dürfen, so kann dies ausdrücklich in der Vollmacht vermerkt werden.
- Möglich ist es auch, zwei Personen gleichzeitig zu bevollmächtigen (die so genannte „Doppelvollmacht"), die nur einstimmig und in Absprache miteinander handeln dürfen, bzw. einer der beiden Bevollmächtigten wird zum Überwacher des anderen bestimmt.

Wer die Bestellung eines Kontrollbetreuers insgesamt vermeiden will, kann auch schon in seiner Vorsorgevollmacht einen so genannten Kontrollbevollmächtigten benennen. Dieser übernimmt dann die Aufgaben eines vom Vormundschaftsgericht zu bestellenden Kontrollbetreuers; ein gerichtliches Verfahren wird so überflüssig.

Um zu vermeiden, dass der Bevollmächtigte die Vollmacht schon benutzt, obwohl der Vollmachtgeber alle seine Angelegenheiten noch selbst regeln kann, kann die Wirksamkeit der Vollmacht von der Vorlage eines ärztlichen Attestes über die Hilfsbedürftigkeit oder Geschäftsunfähigkeit des Vollmachtgebers abhängig gemacht werden. Problematisch ist dabei jedoch, dass bis zu der Erstellung dieses Attests wertvolle Zeit vergehen kann oder der Geschäftspartner ein entsprechendes Attest nicht ausreichen lässt und beispielsweise einen amtsärztlichen Nachweis fordert.

Achtung: Wird die Wirksamkeit der Vollmacht von einem ärztlichen Attest über die Geschäftsunfähigkeit abhängig gemacht, kann dies zwar einen Schutz vor Missbrauch bieten, andererseits wird die Vollmacht unflexibel und verliert ihre schnelle Einsetzbarkeit in Notsituationen.

> **Praxis-Tipp:**
> Im Hinblick auf eine juristisch einwandfreie Vollmachtsregelung ist zu empfehlen, sich durch einen Rechtsanwalt oder Notar beraten zu lassen. Insbesondere Rechtsanwälte sind dann geeignet, Tätigkeiten im Rahmen der Bevollmächtigung zu übernehmen.

Welche Pflichten hat der Bevollmächtigte?

Ein Bevollmächtigter erhält im Rahmen seiner Tätigkeit umfangreiche Rechte eingeräumt, damit er für seinen Auftraggeber handeln kann. Allerdings hat er auch Pflichten: Alles, was er als Bevollmächtigter erhält, muss er an den Vollmachtgeber herausgeben. Damit der Vollmachtgeber die Kontrolle nicht verliert, hat er gegenüber dem Bevollmächtigten ein umfassendes Auskunftsrecht, welche Geschäfte dieser mit der Vollmacht vornimmt.

Achtung: Im Zweifel muss der Bevollmächtigte über alle seine getätigten Geschäfte Rechnung legen! Verstirbt der Vollmachtgeber, können auch dessen Erben diese Rechnungslegung noch im Nachhinein verlangen.

> **Praxis-Tipp:**
> Soll der Bevollmächtigte von einer Rechnungslegung befreit werden, muss dies am besten ausdücklich in der Vollmacht geregelt werden. Ohne eine solche Befreiung ist dem Bevollmächtigten dringend geraten, ein Kassenbuch zu führen, in dem insbesondere bei Barabhebungen der Vollmachtgeber den Erhalt des Bargeldes quittiert. Sonstige Ausgaben sind mit Belegen, Rechnungen oder Quittungen festzuhalten.

> Bei allen Formulierungsbeispielen handelt es sich lediglich um Anregungen, die wegen der anwaltlichen oder notariellen Einzelfallgestaltung selbstverständlich keinen Anspruch auf Vollständigkeit beziehungsweise ungeprüfte Übernahmefähigkeit erheben können.

Formulierungshilfen für Vorsorgevollmachten

gestaltung nicht mehr möglich ist. Zu den lebenserhaltenden Maßnahmen gehören insbesondere künstliche Wasser- und Nahrungszufuhr, Sauerstoffzufuhr, künstliche Beatmung, Medikation, Bluttransfusion und Dialyse.

- Die Einsichtnahme in die Krankenunterlagen und die Einholung aller Auskünfte und Informationen von den behandelnden Ärzten und dem Krankenhaus verlangen; diese werden von der Schweigepflicht entbunden.

- Die Entscheidung darüber, ob nach unserem Tod zu Transplantationszwecken Organe entnommen werden dürfen.

- Die Kontrolle darüber, ob die Klinik, die Ärzte und das Pflegepersonal uns trotz Bewusstlosigkeit oder Entscheidungsunfähigkeit eine angemessene ärztliche und pflegerische Betreuung zukommen lassen, die zugleich auch eine menschenwürdige Unterbringung umfasst. Die Kontrolle bezieht sich auch auf eine Sterbebegleitung und die Leithilfe, die Ärzte und Pflegepersonal verpflichten, Schmerz, Atemnot, unstillbaren Brechreiz, Erstickungsangst oder vergleichbar schweren Angstzuständen entgegenzuwirken, selbst wenn mit diesen palliativen Maßnahmen das Risiko einer Lebensverkürzung nicht ausgeschlossen werden kann.

Insbesondere sollen die von uns in unserer Patientenverfügung festgelegten Wünsche gelten und gegenüber Dritten befolgt und durchgesetzt werden. (Gilt nur, falls Sie auch eine Patientenverfügung verfassen möchten.)

Der jeweils Bevollmächtigte darf auch bereits erteilte Einwilligungen zurücknehmen oder Einwilligungen verweigern, Krankenunterlagen einsehen und deren Herausgabe an Dritte bewilligen.

Als Kontrollbevollmächtigten bestimmen wir Rechtsanwältin/Rechtsanwalt:

Name: ....

Vorname: ....

Geburtsdatum: ....

Formulierungshilfen für Vorsorgevollmachten

5

Bankübliche Kontovollmacht 56

Kontovollmacht
mit Schenkungsvertrag 59

Generalvollmacht für
vermögensrechtliche und persönliche
Angelegenheiten 61

> Bei allen Formulierungsbeispielen handelt es sich lediglich um Anregungen, die wegen der anwaltlichen oder notariellen Einzelfallgestaltung selbstverständlich keinen Anspruch auf Vollständigkeit beziehungsweise ungeprüfte Übernahmefähigkeit erheben können.

Formulierungshilfen für Vorsorgevollmachten

Banktypische Kontovollmacht

Im Folgenden werden zwei Musterbeispiele für Kontovollmachten und anschließend für Generalvollmachten beispielhaft dargestellt.

Vollmacht

Interne Angaben der Bank/Ablagehinweise:

Konto-/Depotvollmacht
für ein einzelnes Konto/Depot

Kontoinhaber: ....

Name, Anschrift: ....

Ich/wir bevollmächtige(n) hiermit den nachstehend genannten Bevollmächtigten:

Name, Vorname: ....

Geburtsname: ....

Geburtsdatum: ....

Anschrift: ....

Telefon-Nr.: ....

mich/uns im Geschäftsverkehr mit der Bank zu vertreten. Die Vollmacht gilt für mein/unser nachstehend aufgeführtes Konto/Depot

Konto/Depotnummer: ....

Im Einzelnen gelten folgende Regelungen:

1. Umfang der Vollmacht

Die Vollmacht berechtigt gegenüber der Bank zur Vornahme aller Geschäfte, die mit der Konto- und Depotführung in unmittelbarem Zusammenhang stehen.

Bankübliche Kontovollmacht

Der Bevollmächtigte kann insbesondere

- über jeweilige Guthaben (zum Beispiel durch Überweisungsaufträge, Barabhebungen, Schecks) verfügen und in diesem Zusammenhang auch Festgeldkonten und Sparkonten einrichten
- eingeräumte Kredite in Anspruch nehmen
- von der Möglichkeit vorübergehender Kontoüberziehungen im banküblichen Rahmen Gebrauch machen
- Wertpapiere und Devisen an- und verkaufen sowie die Auslieferung an sich verlangen
- Abrechnungen, Kontoauszüge, Wertpapier-, Depot- und Erträgnisaufstellungen sowie sonstige Abrechnungen und Mitteilungen entgegennehmen und anerkennen.

Diese Vollmacht berechtigt nicht

- zur Eröffnung weiterer Konten/Depots (mit Ausnahme der oben erwähnten Spar-/Festgeldkonten)
- zum Abschluss und zur Änderung von Kreditverträgen
- zum Abschluss von Börsentermin- und Devisentermingeschäften
- zum Abschluss von Schrankfach- und Verwahrverträgen
- zur Beantragung von Kunden-, ec- und Kreditkarten
- zur Bestellung und Rücknahme von Sicherheiten
- zur Entgegennahme von Konto- und Kreditkündigungen.

2. Auflösung von Konten/Depots

Zur Auflösung der Konten/Depots ist der Bevollmächtigte erst nach dem Tode des Kontoinhabers berechtigt. Bei mehreren Kontoinhabern besteht diese Berechtigung erst nach dem Tode aller Kontoinhaber.

Formulierungshilfen für Vorsorgevollmachten

3. Untervollmachten

Zur Erteilung von Untervollmachten ist der Bevollmächtigte nicht berechtigt.

4. Geltungsdauer der Vollmacht

Die Vollmacht kann vom Kontoinhaber jederzeit widerrufen werden. Widerruft der Kontoinhaber die Vollmacht, hat er die Bank hierüber unverzüglich und aus Beweisgründen möglichst schriftlich zu unterrichten. Bei mehreren Kontoinhabern führt der Widerruf der Vollmacht durch einen Kontoinhaber zum Erlöschen der Vollmacht.

Die Vollmacht erlischt nicht mit dem Tode des/der Kontoinhaber(s); sie bleibt für die Erben des jeweils verstorbenen Kontoinhabers in Kraft.

Der Widerruf eines von mehreren Erben bringt die Vollmacht nur für den Widerrufenden zum Erlöschen. Der Bevollmächtigte kann dann von der Vollmacht nur noch gemeinsam mit dem Widerrufenden Gebrauch machen. Die Bank kann verlangen, dass sich der Widerrufende als Erbe ausweist.

Ort, Datum, Unterschrift des/der Kontoinhaber:

....

Hinweis für den Bevollmächtigten:

Die Bank ist gesetzlich verpflichtet, Name und Anschrift des Bevollmächtigten festzuhalten; sie wird deshalb diese Daten speichern.

Der Bevollmächtigte zeichnet:

Ort, Datum, Unterschrift des Bevollmächtigten (= Unterschriftsprobe):

....

Kontovollmacht*) mit Schenkungsvertrag

Da diese Vollmacht mit einer Schenkung bzw. einem Schenkungsversprechen verbunden ist, ist eine notarielle Beurkundung dringend zu empfehlen.

Vollmacht

Ohne Zwang und aus freiem Willen bevollmächtige ich

Name: ....

Vorname: ....

Geburtsdatum: ....

Straße: ....

PLZ/Wohnort: ....

Telefon: ....

die nachfolgend genannte Person

Frau/Herrn

Name: ....

Vorname: ....

Geburtsdatum: ....

Straße: ....

PLZ/Wohnort: ....

Telefon: ....

---

*) Im Bereich der Kontovollmachten akzeptieren viele Banken nur Vollmachten, die unter Verwendung der bankeigenen Vollmachtsformulare erstellt werden bzw. Generalvollmachten, die seitens der Bank beglaubigt sind. Dies sollte vorab vom Vollmachtgeber in Erfahrung gebracht werden.

Formulierungshilfen für Vorsorgevollmachten

über mein Bankguthaben bei der ... Bank, insbesondere auch zu eigenen Gunsten, zu verfügen. Diese Vollmacht ist nicht auf Dritte übertragbar und soll auch nach meinem Tod fortbestehen.

Grundverhältnis:

Meiner Vollmachtserteilung liegt zu meinen Lebzeiten eine Leibrente mit dem Bevollmächtigten als Begünstigtem zugrunde. Der Bevollmächtigte wird insoweit beauftragt, diese Leibrente zu erfüllen.

Der Bevollmächtigte ist zu Verfügungen über das Bankguthaben zu meinen Lebzeiten wie folgt berechtigt:

Nach meinem Versterben ist der Bevollmächtigte in seiner Verfügungsbefugnis unbeschränkt. Bei dem dann noch auf dem Konto befindlichen Betrag handelt es sich um eine lebzeitige Schenkung, die mit meinem Versterben durch den Bevollmächtigten selbst zu erfüllen ist.

....
Ort/Datum   Unterschrift

Generalvollmacht für vermögensrechtliche und persönliche Angelegenheiten

Ehegattenvollmacht

Die in dieser Vollmacht genannten Paragraphen können Sie im Originalwortlaut auf Seite 72 ff. nachlesen.

Generalvollmacht

der Eheleute

............................, geborene ...., geb. am ...., derzeit wohnhaft ....

und

............................, geborener .... am ...., derzeit wohnhaft ....

Wir, die Eheleute .... und ...., erteilen uns hiermit wechselseitig

Generalvollmacht

in dem wie folgt näher bezeichneten Umfange:

Soweit gesetzlich möglich, soll diese Vollmacht zur Vertretung in allen persönlichen Angelegenheiten, auch soweit sie die Gesundheit betreffen, sowie in allen Vermögens-, Steuer- und sonstigen Rechtsangelegenheiten in jeder denkbaren Richtung ermächtigen.

Die Vollmacht beinhaltet ausdrücklich auch,

- Vermögenserwerb und -veräußerungen sowie Belastungen jeder Art für den Vollmachtgeber vorzunehmen und Verbindlichkeiten beliebiger Art und Höhe für uns – auch in vollstreckbarer Form – einzugehen;

- Vermögenswerte beliebiger Art, namentlich Geld, Sachen, Wertpapiere und Schriftstücke in Empfang zu nehmen;

Formulierungshilfen für Vorsorgevollmachten

- über vorhandene Konten bei Banken beliebig zu verfügen*);

- Verträge sonstiger Art unter beliebigen Bestimmungen abzuschließen, Vergleiche einzugehen, Verzichte zu erklären und Nachlässe zu bewilligen;

- den anderen als Erben, Pflichtteilsberechtigten, Vermächtnisnehmer, Schenker oder Beschenkten in jeder Weise, namentlich auch bei Vermögens- und Gemeinschaftsauseinandersetzungen jeder Art, zu vertreten und auch Ausschlagungserklärungen abzugeben;

- Versorgungsangelegenheiten (Pension, Rente usw.) zu regeln;

- Prozesse als Kläger oder Beklagter zu führen und hierbei die Rechte eines Prozessbevollmächtigten im vollen Umfange des § 79 ZPO auszuüben, uns in allen gerichtlichen und außergerichtlichen Verfahren als Gläubiger oder Schuldner, Kläger oder Beklagte oder in jeder sonst wie in Frage kommenden Eigenschaft ohne jede Einschränkung zu vertreten;

- zu allen Verfahrenshandlungen, auch i. S. v. § 13 SGB X;

- den Haushalt aufzulösen und über das Inventar zu verfügen;

- Vereinbarungen mit Kliniken, Alters- und Pflegeheimen abzuschließen und zum Zwecke hierfür Sicherungshypotheken auch für den Sozialhilfeträger zu bestellen;

- über Art und Umfang der Beerdigung zu entscheiden und Sterbegelder in Empfang zu nehmen und darüber zu quittieren;

- den Nachlass bis zur amtlichen Feststellung der Erben in Besitz zu nehmen und zu verwalten.

Im Bereich der gesundheitlichen Fürsorge und des Selbstbestimmungsrechts umfasst diese Vollmacht insbesondere folgende Maßnahmen:

- Die Aufenthaltsbestimmung, vor allem die Entscheidung über die Unterbringung in einem Pflegeheim oder Hospiz, in einer geschlos-

---

*) Im Bereich der Kontovollmachten akzeptieren viele Banken nur Vollmachten, die unter Verwendung der bankeigenen Vollmachtsformulare erstellt werden bzw. Generalvollmachten, die seitens der Bank beglaubigt sind. Dies sollte vorab von den Vollmachtgebern in Erfahrung gebracht werden.

Generalvollmacht

senen Anstalt, Aufnahme in ein Krankenhaus oder eine ähnliche Einrichtung.

- Eine Maßnahme nach § 1906 Abs. 1 BGB, eine Unterbringung, die zu unserem Wohl erforderlich ist, weil aufgrund einer psychischen Krankheit oder geistigen oder seelischen Behinderung die Gefahr besteht, dass wir uns selbst töten, oder erhebliche Gefahr besteht, dass wir uns gesundheitlichen Schaden zufügen, oder eine Untersuchung des Gesundheitszustandes, eine Heilbehandlung oder ein ärztlicher Eingriff notwendig ist, oder die Unterbringung nicht durchgeführt werden kann, und wir aufgrund einer psychischen Krankheit oder geistigen oder seelischen Behinderung die Notwendigkeit einer solchen Unterbringung nicht kennen oder nicht nach dieser Einsicht handeln können.

- Eine Maßnahme nach § 1906 Abs. 4 BGB, wir uns also in einer Anstalt, einem Heim oder sonstigen Einrichtung aufhalten, ohne dort untergebracht zu sein, und uns die Freiheit über einen längeren Zeitraum oder regelmäßig durch mechanische Vorrichtungen, Medikamente oder auf andere Weise entzogen werden soll.

- Maßnahmen nach § 1904 Abs. 1 BGB, also die Einwilligung in eine Untersuchung des Gesundheitszustandes, eine Heilbehandlung oder einen ärztlichen Eingriff, wenn die begründete Gefahr besteht, dass wir aufgrund dieser Maßnahme versterben oder einen schweren und länger andauernden gesundheitlichen Schaden erleiden können.

- Die Entscheidung über die Verabreichung von Medikamenten, die erhebliche unerwünschte Nebenwirkungen haben oder haben können.

- Die Entscheidung darüber, ob bei einem voraussichtlich länger andauernden Zustand der Bewusstlosigkeit (Wachkoma) eine künstliche Ernährung oder Flüssigkeitszufuhr eingeleitet oder abgebrochen wird.

- Die Entscheidung über einen Behandlungsabbruch oder die Einstellung lebenserhaltender oder lebensverlängernder Maßnahmen, wenn das Grundleiden mit infauster Prognose irreversiblen Verlauf genommen hat und wir uns in einem Zustand befinden, in dem ein bewusstes und umweltbezogenes Leben mit eigener Persönlichkeits-

Formulierungshilfen für Vorsorgevollmachten

gestaltung nicht mehr möglich ist. Zu den lebenserhaltenden Maßnahmen gehören insbesondere künstliche Wasser- und Nahrungszufuhr, Sauerstoffzufuhr, künstliche Beatmung, Medikation, Bluttransfusion und Dialyse.

- Die Einsichtnahme in die Krankenunterlagen und die Einholung aller Auskünfte und Informationen von den behandelnden Ärzten und dem Krankenhaus verlangen; diese werden von der Schweigepflicht entbunden.

- Die Entscheidung darüber, ob nach unserem Tod zu Transplantationszwecken Organe entnommen werden dürfen.

- Die Kontrolle darüber, ob die Klinik, die Ärzte und das Pflegepersonal uns trotz Bewusstlosigkeit oder Entscheidungsunfähigkeit eine angemessene ärztliche und pflegerische Betreuung zukommen lassen, die zugleich auch eine menschenwürdige Unterbringung umfasst. Die Kontrolle bezieht sich auch auf eine Sterbebegleitung und die Leithilfe, die Ärzte und Pflegepersonal verpflichten, Schmerz, Atemnot, unstillbaren Brechreiz, Erstickungsangst oder vergleichbar schweren Angstzuständen entgegenzuwirken, selbst wenn mit diesen palliativen Maßnahmen das Risiko einer Lebensverkürzung nicht ausgeschlossen werden kann.

  Insbesondere sollen die von uns in unserer Patientenverfügung festgelegten Wünsche gelten und gegenüber Dritten befolgt und durchsetzt werden. (Gilt nur, falls Sie auch eine Patientenverfügung verfassen möchten.)

Der jeweils Bevollmächtigte darf auch bereits erteilte Einwilligungen zurücknehmen oder Einwilligungen verweigern, Krankenunterlagen einsehen und deren Herausgabe an Dritte bewilligen.

Als Kontrollbevollmächtigten bestimmen wir Rechtsanwältin/Rechtsanwalt:

Name: ....

Vorname: ....

Geburtsdatum: ....

wird die Vollmacht unflexibel und verliert ihre schnelle Einsetzbarkeit in Notsituationen.

> **Praxis-Tipp:**
> Im Hinblick auf eine juristisch einwandfreie Vollmachtsregelung ist zu empfehlen, sich durch einen Rechtsanwalt oder Notar beraten zu lassen. Insbesondere Rechtsanwälte sind dann geeignet, Tätigkeiten im Rahmen der Bevollmächtigung zu übernehmen.

Welche Pflichten hat der Bevollmächtigte?

Ein Bevollmächtigter erhält im Rahmen seiner Tätigkeit umfangreiche Rechte eingeräumt, damit er für seinen Auftraggeber handeln kann. Allerdings hat er auch Pflichten: Alles, was er als Bevollmächtigter erhält, muss er an den Vollmachtgeber herausgeben. Damit der Vollmachtgeber die Kontrolle nicht verliert, hat er gegenüber dem Bevollmächtigten ein umfassendes Auskunftsrecht, welche Geschäfte dieser mit der Vollmacht vornimmt.

Achtung: Im Zweifel muss der Bevollmächtigte über alle seine getätigten Geschäfte Rechnung legen! Verstirbt der Vollmachtgeber, können auch dessen Erben diese Rechnungslegung noch im Nachhinein verlangen.

> **Praxis-Tipp:**
> Soll der Bevollmächtigte von einer Rechnungslegung befreit werden, muss dies am besten ausdücklich in der Vollmacht geregelt werden. Ohne eine solche Befreiung ist dem Bevollmächtigten dringend geraten, ein Kassenbuch zu führen, in dem insbesondere bei Barabhebungen der Vollmachtgeber den Erhalt des Bargeldes quittiert. Sonstige Ausgaben sind mit Belegen, Rechnungen oder Quittungen festzuhalten.

Generalvollmacht

Straße: ....

PLZ/Wohnort: ....

Telefon: ....

Alle Anweisungen in dieser Vollmacht gelten auch für den Kontrollbevollmächtigten.

Die Vollmacht wird mit der Unterzeichnung durch uns wirksam und gilt nach außen uneingeschränkt. Im Innenverhältnis soll jeder von uns die Vollmacht nur nach vorheriger Weisung durch den anderen gebrauchen. Die Vollmacht ist nur wirksam, soweit und solange der Bevollmächtigte bei einer Vornahme einer jeden Vertreterhandlung im unmittelbaren Besitz der Vollmachtsurkunde ist.

Von den Beschränkungen des § 181 BGB ist jeder von uns Eheleuten befreit.

Wer von uns als Bevollmächtigter des anderen tätig wird, erhält neben seinem Auslagenersatz das folgende monatliche Entgelt in Höhe von .... und Ersatz seiner Auslagen.

Der Kontrollbevollmächtigte erhält ein monatliches Entgelt in Höhe von .... und Ersatz seiner Auslagen.

Die Vollmacht erlischt nicht, wenn einer von uns als Vollmachtgeber geschäftsunfähig werden oder versterben sollte; die Vollmacht soll über den Tod des Letztversterbenden wirksam bleiben.

Die Vollmacht ist für jeden von uns frei widerruflich.

Für den Fall der Bestellung eines Betreuers oder Kontrollbetreuers trotz dieser Vollmacht gelten alle hier getroffenen Anweisungen auch für diese.

Über den weitreichenden Umfang dieser Vollmacht sind wir uns bewusst. Wir wurden in juristischer Hinsicht hierzu von Rechtsanwältin/Rechtsanwalt

Name: ....

Adresse: ....

Telefonnummer: ....

ausführlich beraten.

Formulierungshilfen für Vorsorgevollmachten

In medizinischer Hinsicht wurden wir durch

Name: ....

Adresse: ....

Telefonnummer: ....

umfassend aufgeklärt.

....
Ort/Datum   Ort/Datum

....
Unterschrift Ehefrau   Unterschrift Ehemann

Einzelvollmacht

Die in dieser Vollmacht genannten Paragraphen sind auf Seite 72 ff. im Originalwortlaut abgedruckt.

Generalvollmacht

von: ....

Name: ....

Vorname: ....

Geburtsdatum: ....

Straße: ....

PLZ/Wohnort: ....

Telefon: ....

Generalvollmacht

Ohne Zwang und aus freiem Willen bevollmächtige ich

Name: ....

Vorname: ....

Geburtsdatum: ....

Straße: ....

PLZ/Wohnort: ....

Telefon: ....

soweit gesetzlich möglich, mich in allen persönlichen Angelegenheiten, auch soweit sie meine Gesundheit betreffen, sowie in allen Vermögens-, Steuer- und sonstigen Rechtsangelegenheiten in jeder denkbaren Richtung zu vertreten.

Die Vollmacht beinhaltet ausdrücklich auch

- Vermögenserwerbungen und -veräußerungen sowie Belastungen jeder Art für mich vorzunehmen und Verbindlichkeiten beliebiger Art und Höhe für mich – auch in vollstreckbarer Form – einzugehen.

- Vermögenswerte beliebiger Art, namentlich Geld, Sachen, Wertpapiere und Schriftstücke für mich in Empfang zu nehmen;

- über meine vorhandenen Konten bei Banken beliebig zu verfügen*);

- Verträge sonstiger Art unter beliebigen Bestimmungen abzuschließen, Vergleiche einzugehen, Verzichte zu erklären und Nachlässe zu bewilligen;

- mich als Erben, Pflichtteilsberechtigten, Vermächtnisnehmer, Schenker oder Beschenkten in jeder Weise, namentlich auch bei Vermögens- und Gemeinschaftsauseinandersetzungen jeder Art, zu vertreten und auch Ausschlagungserklärungen für mich abzugeben;

---

*) Im Bereich der Kontovollmachten akzeptieren viele Banken nur Vollmachten, die unter Verwendung der bankeigenen Vollmachtsformulare erstellt werden bzw. Generalvollmachten, die seitens der Bank beglaubigt sind. Dies sollte vorab vom Vollmachtgeber in Erfahrung gebracht werden.

Formulierungshilfen für Vorsorgevollmachten

- meine Versorgungsangelegenheiten (Pension, Rente usw.) zu regeln;
- Prozesse für mich als Kläger oder Beklagter zu führen und hierbei die Rechte eines Prozessbevollmächtigten im vollen Umfange des § 79 ZPO auszuüben, mich in allen gerichtlichen und außergerichtlichen Verfahren als Gläubiger oder Schuldner, Kläger oder Beklagten oder in jeder sonst wie in Frage kommenden Eigenschaft ohne jede Einschränkung zu vertreten;
- die Vertretung zu allen Verfahrenshandlungen, auch i. S. v. § 13 SGB X;
- meinen Haushalt aufzulösen und über das Inventar zu verfügen;
- Vereinbarungen mit Kliniken, Alters- und Pflegeheimen abzuschließen und zum Zwecke hierfür Sicherungshypotheken auch für den Sozialhilfeträger zu bestellen;
- über Art und Umfang der Beerdigung zu entscheiden und Sterbegelder in Empfang zu nehmen und darüber zu quittieren;
- den Nachlass bis zur amtlichen Feststellung der Erben in Besitz zu nehmen und zu verwalten.

Im Bereich der gesundheitlichen Fürsorge und des Selbstbestimmungsrechts umfasst diese Vollmacht insbesondere folgende Maßnahmen:

- Die Aufenthaltsbestimmung, vor allem die Entscheidung über die Unterbringung in einem Pflegeheim oder Hospiz, in einer geschlossenen Anstalt, Aufnahme in ein Krankenhaus oder eine ähnliche Einrichtung;
- Eine Maßnahme nach § 1906 Abs. 1 BGB, eine Unterbringung, die zu meinem Wohl erforderlich ist, weil aufgrund einer psychischen Krankheit oder geistigen oder seelischen Behinderung die Gefahr besteht, dass ich mich selbst töte, oder erhebliche Gefahr besteht, dass ich mir gesundheitlichen Schaden zufüge, oder eine Untersuchung meines Gesundheitszustandes, eine Heilbehandlung oder ein ärztlicher Eingriff notwendig ist, oder meine Unterbringung nicht durchgeführt werden kann, und ich aufgrund einer psychischen Krankheit oder geistigen oder seelischen Behinderung, die Notwendigkeit einer solchen Unterbringung nicht kennen oder nicht nach dieser Einsicht handeln kann.

Generalvollmacht

- Eine Maßnahme nach § 1906 Abs. 4 BGB, ich mich also in einer Anstalt, einem Heim oder sonstigen Einrichtung aufhalte, ohne dort untergebracht zu sein, und mir die Freiheit über einen längeren Zeitraum oder regelmäßig durch mechanische Vorrichtungen, Medikamente oder auf andere Weise entzogen werden soll.

- Maßnahmen nach § 1904 Abs. 1 BGB, also die Einwilligung in eine Untersuchung meines Gesundheitszustandes, eine Heilbehandlung oder einen ärztlichen Eingriff, wenn die begründete Gefahr besteht, dass ich aufgrund dieser Maßnahme versterbe oder einen schweren und länger andauernden gesundheitlichen Schaden erleiden kann.

- Die Entscheidung über die Verabreichung von Medikamenten, die erhebliche unerwünschte Nebenwirkungen haben oder haben können.

- Die Entscheidung darüber, ob bei einem voraussichtlich länger andauernden Zustand der Bewusstlosigkeit (Wachkoma) eine künstliche Ernährung oder Flüssigkeitszufuhr eingeleitet oder abgebrochen wird.

- Die Entscheidung über einen Behandlungsabbruch oder die Einstellung lebenserhaltender oder lebensverlängernder Maßnahmen, wenn das Grundleiden mit infauster Prognose irreversiblen Verlauf genommen hat und ich mich in einem Zustand befinde, in dem ein bewusstes und umweltbezogenes Leben mit eigener Persönlichkeitsgestaltung nicht mehr möglich ist. Zu den lebenserhaltenden Maßnahmen gehören insbesondere künstliche Wasser- und Nahrungszufuhr, Sauerstoffzufuhr, künstliche Beatmung, Medikation, Bluttransfusion und Dialyse.

Mein Bevollmächtigter kann hierzu die Krankenunterlagen einsehen und alle Auskünfte und Informationen von den behandelnden Ärzten und dem Krankenhaus verlangen; diese werden von der Schweigepflicht entbunden.

- Die Entscheidung darüber, ob nach meinem Tod zu Transplantationszwecken Organe entnommen werden dürfen.

- Die Kontrolle darüber, ob die Klinik, die Ärzte und das Pflegepersonal mir trotz meiner Bewusstlosigkeit oder Entscheidungsunfähigkeit eine angemessene ärztliche und pflegerische Betreuung zukommen lassen, die zugleich auch eine menschenwürdige Unterbringung

Formulierungshilfen für Vorsorgevollmachten

umfasst. Die Kontrolle bezieht sich auch auf eine Sterbebegleitung und die Leithilfe, die Ärzte und Pflegepersonal verpflichten, Schmerz, Atemnot, unstillbaren Brechreiz, Erstickungsangst oder vergleichbar schweren Angstzuständen entgegenzuwirken, selbst wenn mit diesen palliativen Maßnahmen das Risiko einer Lebensverkürzung nicht ausgeschlossen werden kann.

Insbesondere soll mein Bevollmächtigter an die von mir in meiner Patientenverfügung festgelegten Wünsche gebunden sein und diese gegenüber Dritten befolgen und durchsetzen.

Mein Bevollmächtigter darf in meinem Namen auch bereits erteilte Einwilligungen zurücknehmen oder Einwilligungen verweigern, Krankenunterlagen einzusehen und deren Herausgabe an Dritte zu bewilligen.

Als Kontrollbevollmächtigten bestimme ich Rechtsanwältin/Rechtsanwalt:

Name: ....

Vorname: ....

Geburtsdatum: ....

Straße: ....

PLZ/Wohnort: ....

Telefon: ....

Alle Anweisungen in dieser Vollmacht gelten auch für den Kontrollbevollmächtigten.

Die Vollmacht wird mit der Unterzeichnung durch mich wirksam und gilt nach außen uneingeschränkt.

Im Innenverhältnis wird der Bevollmächtigte jedoch angewiesen, die Vollmacht nur nach meiner vorherigen Weisung zu gebrauchen.

Die Vollmacht ist nur wirksam, soweit und solange der Bevollmächtigte bei einer Vornahme einer jeden Vertreterhandlung im unmittelbaren Besitz der Vollmachtsurkunde ist.

Der Bevollmächtigte kann diese Vollmacht ganz oder teilweise auf andere übertragen und eine solche Übertragung widerrufen.

Generalvollmacht

Von den Beschränkungen des § 181 BGB ist der Bevollmächtigte nicht befreit.

Der Bevollmächtigte erhält neben seinem Auslagenersatz das folgende monatliche Entgelt: ....

Der Kontrollbevollmächtigte erhält neben seinem Auslagenersatz das folgende monatliche Entgelt: ....

Die Vollmacht erlischt nicht, wenn ich geschäftsunfähig werden sollte; sie erlischt auch nicht durch meinen Tod.

Die Vollmacht ist frei widerruflich.

Über den weitreichenden Umfang dieser Vollmacht bin ich mir bewusst. Ich wurde in juristischer Hinsicht hierzu von Rechtsanwältin/Rechtsanwalt

Name: ....

Adresse: ....

Telefonnummer: ....

ausführlich beraten.

In medizinischer Hinsicht wurde ich durch

Name: ....

Adresse: ....

Telefonnummer: ....

umfassend aufgeklärt.

....
Ort, Datum

....
Unterschrift des Vollmachtgebers

....
Unterschrift des Bevollmächtigten

....
Zeuge (nicht zwingend notwendig)

Formulierungshilfen für Vorsorgevollmachten

Im Folgenden können Sie die in den Vollmachten genannten Paragraphen nachlesen; die §§ 1904 und 1906 BGB sind bereits im Originalwortlaut auf Seite 43 ff. abgedruckt.

§ 79 ZPO Parteiprozess

Insoweit eine Vertretung durch Anwälte nicht geboten ist, können die Parteien den Rechtsstreit selbst oder durch jede prozessfähige Person als Bevollmächtigten führen.

§ 13 SGB X Bevollmächtigte und Beistände

(1) Ein Beteiligter kann sich durch einen Bevollmächtigten vertreten lassen. Die Vollmacht ermächtigt zu allen das Verwaltungsverfahren betreffenden Verfahrenshandlungen, sofern sich aus ihrem Inhalt nicht etwas anderes ergibt. Der Bevollmächtigte hat auf Verlangen seine Vollmacht schriftlich nachzuweisen. Ein Widerruf der Vollmacht wird der Behörde gegenüber erst wirksam, wenn er ihr zugeht.

(2) Die Vollmacht wird weder durch den Tod des Vollmachtgebers noch durch eine Veränderung in seiner Handlungsfähigkeit oder seiner gesetzlichen Vertretung aufgehoben; der Bevollmächtigte hat jedoch, wenn er für den Rechtsnachfolger im Verwaltungsverfahren auftritt, dessen Vollmacht auf Verlangen schriftlich beizubringen.

(3) Ist für das Verfahren ein Bevollmächtigter bestellt, muss sich die Behörde an ihn wenden. Sie kann sich an den Beteiligten selbst wenden, soweit er zur Mitwirkung verpflichtet ist. Wendet sich die Behörde an den Beteiligten, muss der Bevollmächtigte verständigt werden. Vorschriften über die Zustellung an Bevollmächtigte bleiben unberührt.

Generalvollmacht

(4) Ein Beteiligter kann zu Verhandlungen und Besprechungen mit einem Beistand erscheinen. Das von dem Beistand Vorgetragene gilt als von dem Beteiligten vorgebracht, soweit dieser nicht unverzüglich widerspricht.

(5) Bevollmächtigte und Beistände sind zurückzuweisen, wenn sie geschäftsmäßig fremde Rechtsangelegenheiten besorgen, ohne dazu befugt zu sein. Befugt im Sinne des Satzes 1 sind auch die in § 73 Abs. 6 Satz 3 des Sozialgerichtsgesetzes bezeichneten Personen, sofern sie kraft Satzung oder Vollmacht zur Vertretung im Verwaltungsverfahren ermächtigt sind.

(6) Bevollmächtigte und Beistände können vom schriftlichen Vortrag zurückgewiesen werden, wenn sie hierzu ungeeignet sind; vom mündlichen Vortrag können sie zurückgewiesen werden, wenn sie zum sachgemäßen Vortrag nicht fähig sind. Nicht zurückgewiesen werden können Personen, die zur geschäftsmäßigen Besorgung fremder Rechtsangelegenheiten befugt sind.

(7) Die Zurückweisung nach den Absätzen 5 und 6 ist auch dem Beteiligten, dessen Bevollmächtigter oder Beistand zurückgewiesen wird, schriftlich mitzuteilen. Verfahrenshandlungen des zurückgewiesenen Bevollmächtigten oder Beistandes, die dieser nach der Zurückweisung vornimmt, sind unwirksam.

§ 181 BGB Insichgeschäft

Ein Vertreter kann, soweit nicht ein anderes ihm gestattet ist, im Namen des Vertretenen mit sich im eigenen Namen oder als Vertreter eines Dritten ein Rechtsgeschäft nicht vornehmen, es sei denn, dass das Rechtsgeschäft ausschließlich in der Erfüllung einer Verbindlichkeit besteht.

Die Betreuungsverfügung

6

Das sollten Sie wissen! 76

Was ist sinnvoller:
Betreuungsverfügung oder
Vorsorgevollmacht? 76

Wie ist die Betreuungsverfügung
abzufassen? 77

Welche Inhalte können
festgelegt werden? 78

Welche Aufgaben hat
das Vormundschaftsgericht
bei einer Betreuung? 79

Die Kombination mit
Vorsorgevollmacht 81

Die Kombination mit
Patientenverfügung 81

Betreuungsverfügung und
Vorsorgevollmacht im Vergleich 82

Die Betreuungsverfügung

Das sollten Sie wissen!

Wie zuvor geschildert, dient eine Vorsorgevollmacht in erster Linie der Vermeidung einer gerichtlich angeordneten Betreuung. Kommt für den Verfasser jedoch eine Vorsorgevollmacht nicht in Betracht, so kann er noch mit dem Instrument der Betreuungsverfügung sein Selbstbestimmungsrecht wahren.

Mit einer Betreuungsverfügung kann sowohl der eigene Wunsch bei der Auswahl des vom Vormundschaftsgericht zu bestellenden Betreuers als auch hinsichtlich der Ausgestaltung und Durchführung der Betreuung selbst geregelt werden.

Wichtig wird die Betreuungsverfügung immer dann, wenn der Betreute bei Eintritt des Betreuungsbedarfes nicht mehr in der Lage ist, selbst seine Wünsche zu äußern, beispielsweise weil er geistig vollkommen verwirrt oder gar ein Komapatient ist.

Zu beachten ist jedoch, dass die Vorschläge des Betreuten nur dann verbindlich sind, wenn sie dem Wohl des Betreuten nicht zuwiderlaufen. Dies hat zur Folge, dass das Vormundschaftsgericht und der Betreuer nicht für alle Fälle an die Betreuungsverfügung gebunden sind. Dazu Näheres im Folgenden.

Was ist sinnvoller: Betreuungsverfügung oder Vorsorgevollmacht?

Ein wesentlicher Unterschied zwischen Vorsorgevollmacht und Betreuungsverfügung ist, dass sowohl Vormundschaftsgericht als auch Betreuer durchaus eigene Kriterien zur Beurteilung des Wohls des Betreuten anlegen können.

Im Gegensatz zur Vorsorgevollmacht kann der Betreute aber trotz Verlust seiner Geschäftsfähigkeit in der Betreuungsverfügung geäußerte Wünsche jederzeit abändern. Ob dies allerdings ein Vorteil ist, mag dahingestellt bleiben, da allemal die Gefahr besteht, dass auch sinnvoll getroffene Regelungen vom Betreuten widerrufen werden bzw. der Betreute lediglich dem Willen eines ihn beeinflussenden Dritten nachgibt.

Insbesondere wenn sich kein vertrauenswürdiger und befähigter Bevollmächtigter finden lässt, wird man aber auf eine Betreuungsverfügung zurückgreifen müssen, will man sein Selbstbestimmungsrecht nicht gänzlich aufgeben.

Es lassen sich jedoch keine festen Kriterien darlegen, die das eine oder andere Gestaltungsmittel als das absolut sinnvollere oder bessere Instrument zur Absicherung und Wahrung des Selbstbestimmungsrechtes erscheinen lassen.

Wie ist die Betreuungsverfügung abzufassen?

Auch die Betreuungsverfügung ist an keine Formvorschrift gebunden, sie sollte jedoch aus Zweckmäßigkeitsgründen immer niedergeschrieben werden. Weder ist das Hinzuziehen von Zeugen, eine notarielle Unterschriftsbeglaubigung oder die notarielle Beurkundung erforderlich, wie auch die Geschäftsfähigkeit bei Abfassen der Betreuungsverfügung nicht zwingend erforderlich ist.

Dennoch ist es allemal empfehlenswert, eine Betreuungsverfügung bei voller Geschäftsfähigkeit durch einen Notar beurkunden zu lassen, um keinerlei Zweifel an der Wirksamkeit derselben aufkommen zu lassen.

Bei schriftlicher Abfassung ohne notarielle Beurkundung sollte in nicht allzu langen Zeitabständen die Unterschrift erneuert werden, um zu dokumentieren, dass der ursprünglich gefasste Wille nach wie vor aufrechterhalten wird. Auch kann so der Vermutung Dritter entgegengewirkt werden, es habe zwischenzeitlich einen Meinungsumschwung gegeben.

Achtung: Beinhaltet die Betreuungsverfügung insbesondere auch vermögensrechtliche Wünsche, wie beispielsweise Hausverkauf durch den Betreuer oder Schenkungen an Familienangehörige, ist Voraussetzung für die Wirksamkeit der Betreuungsverfügung, dass Geschäftsfähigkeit im Zeitpunkt der Abfassung vorlag.

Die Betreuungsverfügung

> **Praxis-Tipp:**
> Bei einer notariellen Beurkundung muss sich der Notar von der Geschäftsfähigkeit überzeugen.

Hinsichtlich der Aufbewahrung gilt auch hier, dass eine Betreuungsverfügung so aufzubewahren ist, dass sie unverzüglich bei Eintritt des Betreuungsfalles dem Vormundschaftsgericht zugeleitet werden kann. Eine Hinterlegung der Betreuungsverfügung beim Vormundschaftsgericht ist teilweise möglich, wie im Anhang dargestellt.

Welche Inhalte können festgelegt werden?

Betreuerauswahl

Benannt werden kann sowohl ein Betreuer für alle in Frage kommenden Aufgabenbereiche, wie auch jeweils ein unterschiedlicher Betreuer für verschiedene Aufgabenbereiche.

> **Praxis-Tipp:**
> Nicht vergessen werden sollte die Benennung eines Ersatzbetreuers für den Fall, dass der Wunschbetreuer die Betreuung nicht übernehmen will oder kann.

Es können jedoch nicht nur Personen, sondern auch Betreuungsvereine benannt werden.

Insbesondere bei bereits in Pflegeheimen befindlichen Personen ist darauf zu achten, dass der Betreuer grundsätzlich keine Person sein darf, die in einem Abhängigkeitsverhältnis oder einer anderen engen Beziehung zu dem Pflegeheim steht, in dem sich der Betreute aufhält. Der Grund hierfür liegt in einem seitens des Gesetzes unwiderlegbar vermuteten Interessenkonflikt einer solchen Person.

Soll ein naher Angehöriger zum Betreuer bestellt werden, ist gleichfalls zu beachten, dass aufgrund eines gesetzlichen Erbrechts es

Aufgaben des Vormundschaftsgerichts

hier leicht zu einer Interessenkollision kommen kann. Ein gesetzlicher Ausschluss von nahen Verwandten als Betreuer besteht jedoch nicht.

Durchführung der Betreuung

Wünsche im Hinblick auf die Ausgestaltung der Betreuung können für alle Lebensbereiche getroffen werden. So kann sichergestellt werden, dass alle Lebensgewohnheiten, auch für den Fall einer Betreuung, so weit als möglich weitergeführt werden können. Insbesondere Regelungen zur Vermögenserhaltung, zur Einwilligung bzw. dem Versagen von Heilbehandlungen, Entscheidungen über die Unterbringung in Heimen und alle damit zusammenhängenden Maßnahmen können getroffen werden.

Wichtig ist, dass der Betreuer von den gesetzlichen Beschränkungen und der nachfolgend dargestellten Genehmigungsbedürftigkeit bestimmter Angelegenheiten nicht befreit werden kann.

Welche Aufgaben hat das Vormundschaftsgericht bei einer Betreuung?

Das Vormundschaftsgericht bestellt den Betreuer bei Vorliegen einer Betreuungsverfügung nach Wunsch des zu Betreuenden, sofern dies dessen Wohl nicht zuwiderläuft, der Vorgeschlagene nicht gesetzlich von der Übernahme des Amtes ausgeschlossen ist und dieser die Übernahme der Betreuung auch nicht ablehnt.

Bei der Durchführung der Betreuung kommt dem Vormundschaftsgericht eine Kontrollfunktion zu.

Werden die in der Betreuungsverfügung niedergelegten Wünsche unbegründet außer Acht gelassen, kann das Vormundschaftsgericht dagegen vorgehen. Das Vormundschaftsgericht überprüft somit alle Maßnahmen des Betreuers im Hinblick auf Pflichtwidrigkeit oder Missbrauch.

Die Betreuungsverfügung

Zu beachten ist jedoch, dass nicht jeder Konflikt zwischen Betreuer und Betreuten ein vormundschaftsgerichtliches Eingreifen im Rahmen der Aufsichtspflicht auslöst. Es wird nur überprüft, ob der Betreuer rechtmäßig handelte.

Maßnahmen, die das Vormundschaftsgericht genehmigen muss

Folgende Maßnahmen kann der Betreuer jedoch nur nach vorheriger Genehmigung durch das Vormundschaftsgericht treffen:

- Die Einwilligung in eine Untersuchung des Gesundheitszustandes, einer Heilbehandlung oder einen ärztlichen Eingriff, wenn die begründete Gefahr besteht, dass der Betreute aufgrund der Maßnahme stirbt oder einen schweren oder länger dauernden gesundheitlichen Schaden erleidet.

- Bei der Einwilligung in den Abbruch lebenserhaltender oder -verlängernder Maßnahmen bei infauster Prognose, also in dem Fall, dass bei einem aussichtslosen Krankheitsverlauf der Tod des Patienten unausweichlich sein wird, aber der eigentliche Sterbevorgang noch nicht eingesetzt hat.

- Eine Unterbringung verbunden mit einer Freiheitsentziehung sowie alle weiteren freiheitsentziehenden oder beschränkenden Maßnahmen.

- Die Kündigung eines Mietverhältnisses über Wohnraum, den der Betreute angemietet hat, sowie der Abschluss von Miet-, Pacht-, oder ähnlichen Verträgen, sofern der Vertrag für mehr als vier Jahre abgeschlossen wird.

- Die Gewährung von Ausstattungen aus dem Vermögen des Betreuten.

- Schenkungen aus dem Vermögen des Betreuten, die über Gelegenheitsgeschenke hinausgehen.

Die Kombination mit Vorsorgevollmacht

Eine gleichzeitige Betreuerbestellung neben einer wirksamen Bevollmächtigung ist mit Ausnahme der Bestellung eines Kontrollbetreuers nach § 1896 Abs. 3 BGB nicht möglich.

§ 1896 Abs. 3 BGB Behinderter Volljähriger

(1) …

(2) …

(3) Als Aufgabenkreis kann auch die Geltendmachung von Rechten des Betreuten gegenüber seinem Bevollmächtigten bestimmt werden.

(4) …

Sollen jedoch manche Angelegenheiten der Zuständigkeit des Bevollmächtigten entzogen werden, weil beispielsweise eine stärkere Kontrolle des Vormundschaftsgerichts gewünscht wird bzw. sollte das Vormundschaftsgericht neben einer bestehenden Vollmacht eine Betreuung für erforderlich erachten, ist es sinnvoll, sowohl eine Vorsorgevollmacht als auch eine Betreuungsverfügung zu erstellen.

Eine solche Regelung kann in zwei verschiedenen Schriftstücken als auch in einer Kombination der beiden getroffen werden.

Praxis-Tipp:

Bei Kombinationen von Vorsorgevollmachten und Betreuungsverfügungen sollte rechtskundiger Rat vorab eingeholt werden, um Missverständnisse schon im Vorfeld auszuschließen.

Die Kombination mit Patientenverfügung

Eine Patientenverfügung lässt sich immer sinnvoll mit einer Betreuungsverfügung kombinieren. Damit behandelnde Ärzte, Angehörige oder gegebenenfalls das Vormundschaftsgericht die Wünsche

Die Betreuungsverfügung

des Patienten berücksichtigen, ist es vorteilhaft, den Betreuer mit der Aufgabe zu betrauen, die in der Patientenverfügung geregelten Wünsche dann auch gegenüber Dritten durchzusetzen. Damit wird eine Gewähr dafür geschaffen, dass der Patientenwille tatsächlich umgesetzt wird.

Betreuungsverfügung und Vorsorgevollmacht im Vergleich

Im Notfall schützt das gesetzliche Betreuungsrecht den Hilfebedürftigen wirksam vor missbräuchlichem Handeln des Betreuers. Jedoch erweist sich das gesetzliche Betreuungsrecht als wenig flexibel und häufig sehr langwierig. Zu beachten ist insbesondere, dass vor dem Beginn der Betreuung immer erst ein Betreuungsverfahren steht und somit wertvolle Zeit vergehen kann.

Demgegenüber zeichnet sich die Vorsorgevollmacht durch eine höhere Flexibilität aus. Der Bevollmächtigte wird im Ernstfall sofort tätig und kann, da er die persönlichen Lebensgewohnheiten des Vollmachtgebers in der Regel genau kennt, naturgemäß die Interessen des Hilfsbedürftigen besser wahren. Darüber hinaus wird die Privatsphäre des Vollmachtgebers geschützt, da gerade kein vormundschaftsgerichtliches Verfahren eingeleitet werden muss. Die nähere Umgebung wird damit von der geistigen oder körperlichen Betreuungsbedürftigkeit nichts erfahren. Insgesamt ist die Vollmacht schneller einsetzbar, wesentlich flexibler und unbürokratischer als eine Betreuung.

Eines muss jedoch immer klar sein: Die Erteilung einer Vollmacht setzt ein besonderes Vertrauensverhältnis in die Person des Bevollmächtigten voraus, da nur eine eingeschränkte Kontrollmöglichkeit durch das Vormundschaftsgericht besteht.

Achtung: Bei vermögenslosen Vollmachtgebern ist darüber hinaus zu beachten, dass eine Vergütung für den Bevollmächtigten nicht vom Staat getragen wird. Dies ist lediglich bei einer gesetzlichen Betreuung möglich.

Formulierungshilfen für Betreuungsverfügungen

7

Betreuungsverfügung kombiniert
mit einer Patientenverfügung 84

Betreuungsverfügung: Getrennter
Betreuervorschlag für den vermögensrechtlichen und persönlichen Bereich .. 87

> Bei allen Formulierungsbeispielen handelt es sich lediglich um Anregungen, die wegen der anwaltlichen oder notariellen Einzelfallgestaltung selbstverständlich keinen Anspruch auf Vollständigkeit beziehungsweise ungeprüfte Übernahmefähigkeit erheben können.

Formulierungshilfen für Betreuungsverfügungen

Betreuungsverfügung kombiniert mit einer Patientenverfügung

Die in dieser Betreuungsverfügung genannten Paragraphen können Sie im Originalwortlaut auf Seite 89 ff. nachlesen.

Betreuungsverfügung

Ich,

Name: ....

Vorname: ....

Geburtsdatum: ....

Straße: ....

PLZ/Wohnort: ....

Telefon: ....

schlage für den Fall, dass für mich ein gesetzlicher Betreuer bestellt werden muss, gemäß § 1897 Abs. 4 BGB hierfür die folgende Person als Betreuer für alle erforderlichen Angelegenheiten vor:

Frau/Herr

Name: ....

Vorname: ....

Geburtsdatum: ....

Straße: ....

PLZ/Wohnort: ....

Telefon: ....

Falls die vorbezeichnete Person die Betreuung nicht übernehmen will oder kann, schlage ich als Ersatzperson die folgende Person vor:

Betreuungsverfügung kombiniert mit Patientenverfügung

Frau/Herr

Name: ....

Vorname: ....

Geburtsdatum: ....

Straße: ....

PLZ/Wohnort: ....

Telefon: ....

Auf keinen Fall wünsche ich, dass die folgende Person zum Betreuer bestellt wird:

Frau/Herr

Name: ....

Vorname: ....

Geburtsdatum: ....

Straße: ....

PLZ/Wohnort: ....

Die Betreuung soll meinen folgenden Wünschen entsprechend geführt werden:

....

Über mein Einkommen sowie über mein bewegliches und unbewegliches Vermögen soll wie folgt verfügt werden:

....

....

Meine bisherigen Lebensgewohnheiten (z. B. Freizeit, Urlaub etc.) wie

....

möchte ich beibehalten.

Formulierungshilfen für Betreuungsverfügungen

Die in meiner Patientenverfügung vom ... geäußerten Wünsche sind von meinem Betreuer zu befolgen. Insbesondere obliegt es meinem Betreuer auch, die in meiner Patientenverfügung von mir niedergelegten Wünsche gegenüber Ärzten und Pflegepersonal, ggfs. auch gegenüber dem Vormundschaftsgericht durchzusetzen.

Falls Pflegebedürftigkeit eintritt, soll die häusliche Pflege durch ... erfolgen. Diese/r hat sich dazu bereit erklärt und soll dafür ein Entgelt in Höhe von EUR ... erhalten. Sofern die persönliche Pflege durch die vorbezeichnete Person nicht mehr möglich sein sollte, soll ein Pflegedienst meine häusliche Pflege sicherstellen.

Sollte eine stationäre Pflege erforderlich werden, möchte ich in folgendem Pflegeheim/Kankenhaus untergebracht werden:

....

Sollte eine Unterbringung dort nicht möglich sein, möchte ich in einem Pflegeheim/Krankenhaus mit entsprechendem Standard untergebracht werden.

Sollte eine Finanzierung aus meinen laufenden Einkommen nicht möglich sein, so soll folgendes Grundstück (Eigentumswohnung, Sammlung, Mobiliar, Wertpapier etc.) zur Finanzierung meiner Pflege verkauft werden:

....

....

....

....

....
Ort, Datum

....
Unterschrift des Verfügenden

....
Zeuge (nicht zwingend notwendig)

Getrennter Betreuervorschlag

Diese Verfügung entspricht nach wie vor meinem Willen:

....
Ort, Datum

....
Unterschrift des Verfügenden

....
Ort, Datum

....
Unterschrift des Verfügenden

Betreuungsverfügung: Getrennter Betreuervorschlag für den vermögensrechtlichen und persönlichen Bereich

Die in dieser Betreuungsverfügung genannten Paragraphen sind auf Seite 89 ff. im Originalwortlaut abgedruckt.

Betreuungsverfügung

Ich,

Name: ....

Vorname: ....

Geburtsdatum: ....

Straße: ....

PLZ/Wohnort: ....

Telefon: ....

Formulierungshilfen für Betreuungsverfügungen

schlage für den Fall, dass für mich ein gesetzlicher Betreuer bestellt werden muss, gemäß § 1897 Abs. 4 BGB hierfür die folgende Person als Betreuer für alle persönlichen Angelegenheiten vor:

Frau/Herr

Name: ....

Vorname: ....

Geburtsdatum: ....

Straße: ....

PLZ/Wohnort: ....

Telefon: ....

Als Betreuer für alle vermögensrechtlichen Fragen schlage ich vor:

Frau/Herr

Name: ....

Vorname: ....

Geburtsdatum: ....

Straße: ....

PLZ/Wohnort: ....

Telefon: ....

Falls sich die Betreuer in einer Frage, die beide Bereiche tangiert, nicht einigen können, soll der Betreuer mit dem Aufgabenbereich der persönlichen Angelegenheiten entscheiden.

....
Ort, Datum

....
Unterschrift des Verfügenden

....
Zeuge (nicht zwingend notwendig)

Getrennter Betreuervorschlag

Diese Verfügung entspricht nach wie vor meinem Willen:

....
Ort, Datum

....
Unterschrift des Verfügenden

....
Ort, Datum

....
Unterschrift des Verfügenden

Im Folgenden können Sie die in den Betreuungsverfügungen genannten Paragraphen nachlesen.

§ 1896 BGB Voraussetzungen

(1) Kann ein Volljähriger auf Grund einer psychischen Krankheit oder einer körperlichen, geistigen oder seelischen Behinderung seine Angelegenheiten ganz oder teilweise nicht besorgen, so bestellt das Vormundschaftsgericht auf seinen Antrag oder von Amts wegen für ihn einen Betreuer. Den Antrag kann auch ein Geschäftsunfähiger stellen. Soweit der Volljährige auf Grund einer körperlichen Behinderung seine Angelegenheiten nicht besorgen kann, darf der Betreuer nur auf Antrag des Volljährigen bestellt werden, es sei denn, dass dieser seinen Willen nicht kundtun kann.

(2) Ein Betreuer darf nur für Aufgabenkreise bestellt werden, in denen die Betreuung erforderlich ist. Die Betreuung ist nicht erforderlich, soweit die Angelegenheiten des Volljährigen durch einen Bevollmächtigten, der nicht zu den in § 1897 Abs. 3 bezeichneten Personen gehört, oder durch

andere Hilfen, bei denen kein gesetzlicher Vertreter bestellt wird, ebenso gut wie durch einen Betreuer besorgt werden können.

(3) Als Aufgabenkreis kann auch die Geltendmachung von Rechten des Betreuten gegenüber seinem Bevollmächtigten bestimmt werden.

(4) Die Entscheidung über den Fernmeldeverkehr des Betreuten und über die Entgegennahme, das Öffnen und das Anhalten seiner Post werden vom Aufgabenkreis des Betreuers nur dann erfasst, wenn das Gericht dies ausdrücklich angeordnet hat.

§ 1897 BGB Bestellung einer natürlichen Person

(1) Zum Betreuer bestellt das Vormundschaftsgericht eine natürliche Person, die geeignet ist, in dem gerichtlich bestimmten Aufgabenkreis die Angelegenheiten des Betreuten rechtlich zu besorgen und ihn in dem hierfür erforderlichen Umfang persönlich zu betreuen.

(2) Der Mitarbeiter eines nach § 1908f anerkannten Betreuungsvereins, der dort ausschließlich oder teilweise als Betreuer tätig ist (Vereinsbetreuer), darf nur mit Einwilligung des Vereins bestellt werden. Entsprechendes gilt für den Mitarbeiter einer in Betreuungsangelegenheiten zuständigen Behörde, der dort ausschließlich oder teilweise als Betreuer tätig ist (Behördenbetreuer).

(3) Wer zu einer Anstalt, einem Heim oder einer sonstigen Einrichtung, in welcher der Volljährige untergebracht ist oder wohnt, in einem Abhängigkeitsverhältnis oder in einer anderen engen Beziehung steht, darf nicht zum Betreuer bestellt werden.

(4) Schlägt der Volljährige eine Person vor, die zum Betreuer bestellt werden kann, so ist diesem Vorschlag zu entspre-

Getrennter Betreuervorschlag

chen, wenn es dem Wohl des Volljährigen nicht zuwiderläuft. Schlägt er vor, eine bestimmte Person nicht zu bestellen, so soll hierauf Rücksicht genommen werden. Die Sätze 1 und 2 gelten auch für Vorschläge, die der Volljährige vor dem Betreuungsverfahren gemacht hat, es sei denn, dass er an diesen Vorschlägen erkennbar nicht festhalten will.

(5) Schlägt der Volljährige niemanden vor, der zum Betreuer bestellt werden kann, so ist bei der Auswahl des Betreuers auf die verwandtschaftlichen und sonstigen persönlichen Bindungen des Volljährigen, insbesondere auf die Bindungen zu Eltern, zu Kindern, zum Ehegatten und zum Lebenspartner, sowie auf die Gefahr von Interessenkonflikten Rücksicht zu nehmen.

(6) Wer Betreuungen im Rahmen seiner Berufsausübung führt, soll nur dann zum Betreuer bestellt werden, wenn keine andere geeignete Person zur Verfügung steht, die zur ehrenamtlichen Führung der Betreuung bereit ist. Werden dem Betreuer Umstände bekannt, aus denen sich ergibt, dass der Volljährige durch eine oder mehrere andere geeignete Personen außerhalb einer Berufsausübung betreut werden kann, so hat er dies dem Gericht mitzuteilen.

(7) Wird eine Person unter den Voraussetzungen des Absatzes 6 Satz 1 erstmals in dem Bezirk des Vormundschaftsgerichts zum Betreuer bestellt, soll das Gericht zuvor die zuständige Behörde zur Eignung des ausgewählten Betreuers und zu den nach § 1836 Abs. 1 Satz 3 zweite Alternative zu treffenden Feststellungen anhören.

Aufbewahrungsmöglichkeiten: Patientenverfügung, Vorsorgevollmacht, Betreuungsverfügung

8

Bei den Gerichten 94

Bei anderen Institutionen 97

Aufbewahrungsmöglichkeiten

Bei den Gerichten

Eine gerichtliche Hinterlegung wie bei Testamenten ist wohl aus Kostengründen bundesweit nicht vorgesehen. Von Bundesland zu Bundesland ist es daher unterschiedlich geregelt, ob eine Betreuungsverfügung, ggfs. in Kombination mit einer Patientenverfügung oder einer Vorsorgevollmacht, hinterlegt werden kann. Zu beachten ist dabei aber, dass es kein Mitteilungssystem gibt.

> **Praxis-Tipp:**
>
> Wenn Sie eine Betreuungsverfügung in Kombination mit einer Patientenverfügung oder einer Vorsorgevollmacht gerichtlich hinterlegen wollen, sollten Sie bei dem für Sie zuständigen Vormundschaftsgericht nachfragen. Dieses finden Sie über das für Sie zuständige Amtsgericht.

Im Folgenden finden Sie einen Überblick über die Hinterlegungsmodalitäten der einzelnen Bundesländer.

Baden-Württemberg

Den Vormundschaftsgerichten bzw. Notariaten ist es freigestellt, Betreuungsverfügungen zu verwahren.

Bayern

Gesetzliche Regelungen und Richtlinien regeln die Hinterlegung von Betreuungsverfügungen. Vormundschaftsgerichte nehmen Betreuungsverfügungen in Verwahrung.

Berlin

Eine Hinterlegung von Betreuungsverfügungen liegt im Ermessen der Vormundschaftsgerichte.

Bei den Gerichten

Brandenburg

Landesrechtliche Bestimmungen zur Hinterlegung von Betreuungsverfügungen sind nicht vorhanden und für die Zukunft nicht beabsichtigt.

Bremen

Gesetzliche Regelungen und Richtlinien regeln die Hinterlegung von Betreuungsverfügungen. Vormundschaftsgerichte nehmen Betreuungsverfügungen in Verwahrung.

Hamburg

Durchführungsbestimmungen zur Hinterlegung von Betreuungsverfügungen bestehen nicht.

Hessen

Betreuungsverfügungen sind auf Verlangen in Verwahrung zu nehmen.

Mecklenburg-Vorpommern

Gesetzliche Regelungen für die Hinterlegung von Betreuungsverfügungen bestehen nicht. Vormundschaftsgerichte entscheiden in eigener Zustimmigkeit, ob sie Betreuungsverfügungen in Verwahrung nehmen.

Niedersachsen

Gesetzliche Regelungen und Richtlinien regeln die Hinterlegung von Betreuungsverfügungen. Vormundschaftsgerichte nehmen Betreuungsverfügungen in Verwahrung.

Aufbewahrungsmöglichkeiten

Nordrhein-Westfalen

Es bestehen keine Durchführungsbestimmungen zur Hinterlegung von Betreuungsverfügungen. Die Verwahrung liegt im Ermessen der Vormundschaftsgerichte.

Rheinland-Pfalz

Annahme oder Ablehnung einer Betreuungsverfügung liegt im Ermessen des einzelnen Vormundschaftsgerichts.

Saarland

Durchführungsbestimmungen zur Hinterlegung von Betreuungsverfügungen bestehen nicht. Die Vormundschaftsgerichte sind jedoch vom Ministerium der Justiz gebeten, Unterlagen wie Betreuungsverfügungen oder Patientenschutzbriefe entgegenzunehmen.

Sachsen

Auf Antrag sind Betreuungsverfügungen vom zuständigen Vormundschaftsgericht entgegenzunehmen und aufzubewahren.

Sachsen-Anhalt

Betreuungsverfügungen sind auf Verlangen vom Vormundschaftsgericht entgegenzunehmen und zu hinterlegen.

Schleswig-Holstein

Durchführungsbestimmungen zur Hinterlegung von Betreuungsverfügungen bestehen nicht.

Thüringen

Auf Antrag haben Vormundschaftsgerichte Betreuungsverfügungen entgegenzunehmen und aufzubewahren.

Bei anderen Institutionen

Eine Hinterlegung ist bei einem Rechtsanwalt und einem Notar sowie den folgenden Institutionen möglich:

Deutsches Rotes Kreuz – Zentralarchiv
DRK – Ortsverein Mainz
Altenauergasse 1
55116 Mainz
Tel.: (0 61 31) 22 11 17
Kosten: 41,– EUR pro Verfügung

Deutsche Hospizstiftung
Im Defdahl 5–10
44141 Dortmund
Tel.: (02 31) 7 38 07 30
Fax: (02 31) 7 38 07 31
Hinterlegung nur für Mitglieder

Humanistischer Verband Deutschlands
Abt. Patientenverfügung
(Bundeszentralstelle)
Wallstraße 65
10179 Berlin
Tel.: (0 30) 61 39 04 11
Fax: (0 30) 61 39 04 36

Praxis-Tipp:

- Zu beachten ist, dass die hinterlegten Dokumente im Ernstfall nicht automatisch an die zuständigen Stellen wie Vormundschaftsgericht oder Ärzte gelangen. Die von den Hinterlegungsstellen angebotenen Registrierungskarten sollten daher regelmäßig bei sich getragen werden, damit die Existenz der Verfügungen bekannt werden kann.

- Auf alle Fälle sollten auch Vertrauenspersonen oder der Hausarzt informiert sein.

Nützliche Adressen

Deutsche Vereinigung für Vorsorge- und Betreuungsrecht e.V.

Ifflandstraße 11
68161 Mannheim
Tel.: (06 21) 7 16 09 33
Fax: (06 21) 7 16 09 31

Vereinigung von Rechtsanwälten, die insbesondere zu Fragen der Vorsorgevollmacht und Patientenverfügung berät und bundesweit Spezialisten zu diesem Thema vermittelt.

Deutsche Vereinigung für Erbrecht und Vermögensnachfolge e.V.

Hauptstraße 18
74918 Angelbachtal
Tel.: (0 72 65) 91 34 14
Fax: (0 72 65) 91 34 34
E-Mail: dvev@erbrecht. de
Internet: www.erbrecht.de

Vereinigung von rund 1700 Rechtsanwälten, Notaren, Steuerberatern und weiteren Berufsgruppen, die u. a. auch zu Fragen von Vorsorgevollmachten beraten.

Deutscher Anwaltverein

Adenauerallee 106
53113 Bonn
Tel.: (02 28) 2 60 70
Fax: (02 28) 26 07 46

Hier erfahren Sie auch die Adresse des örtlichen Anwaltvereins in Ihrer Nähe.

Nützliche Adressen

Deutsche Anwalt-Auskunft
Tel.: (0 18 05) 18 18 05

Vermittelt bundesweit der Anwalt-Auskunft angeschlossene Rechtsanwälte.

Anwalt-Suchservice
Unter den Ulmen
50968 Köln
Tel.: (02 21) 9 37 38 03
Fax: (02 21) 93 73 89 61
Internet: http://www.anwalt-suchservice.de

Vermittelt bundesweit dem Suchservice angeschlossene Rechtsanwälte.

Literaturhinweise

Böhm, Horst/Lerch, Herbert/Röslmeier, Annemarie/Weiß, Karl: Handbuch für Betreuer, Walhalla Fachverlag

Kerscher, Karl-Ludwig/Rudolf, Michael/Tanck, Manuel: Erb-Checkliste: Rechte und Pflichten der Erben, Walhalla Fachverlag

Knieper, Judith: Patiententestament, Deutscher Taschenbuch Verlag

Rudolf, Michael/Bittler, Jan: Vorsorgevollmacht, Betreuungsverfügung, Patiententestament, Deutscher Anwaltverlag

Tanck, Manuel/Lenz, Nina: Ehegattentestament, Walhalla Fachverlag

Findex

Abbruch bzw. die Nichtvornahme einer ärztlichen Maßnahme 26
Abhängigkeitsverhältnis 47, 78
Aktive Sterbehilfe 23
Aktualität des Patientenwunsches 22
Ärzte 17
Aufbewahrungsort 17
Auflösung der bisherigen Wohnung 50
Ausgestaltung der Betreuung 79
Ausgestaltung und Durchführung der Betreuung 76
Auswahl des Bevollmächtigten 45
Auswahl des vom Vormundschaftsgericht zu bestellenden Betreuers 76

Bank- und Kontovollmacht 43, 48
Beendigung lebenserhaltender Maßnahmen 19
Beerdigungskosten 41
Behandlungsabbruch 22
Behandlungssituation, konkrete 18
Betreuer 12, 76
Betreuerauswahl 78
Betreuerbestellung 79
Betreuungsvereine 78
Betreuungsverfügung 12, 76
Bettgitter 49
Beweis- und Praktikabilitätsgründe 16
Bewusstlosigkeit 10

Doppelvollmacht 52

Findex

Einwilligung 79
Einzelvollmacht 47
Entscheidungsunfähigkeit 15, 22, 40
Ersatzbetreuer 78

Fortführung einer Behandlung 22
Freiheitsentziehung 49

Genehmigung des Vormundschaftsgerichtes 50
Genehmigungsbedürftigkeit 79
Generalvollmacht 11, 47
Gerichtliche Hinterlegung 94
Geschäftsfähigkeit 42, 76, 77
Geschäftsunfähige Person 46
Grundsätze der Bundesärztekammer zur ärztlichen Sterbebegleitung 23
Grundsätze zur ärztlichen Sterbebegleitung 18

Hausarzt 17
Heilbehandlung 43
Hinterlegung der Betreuungsverfügung 78

Hinterlegungsmodalitäten 94
Hirntod 23

Intensivmedizin 15
Interessenkollision 79
Interessenkonflikt 46, 78
Irreversibilität des Bewusstseinsverlustes 11
Irreversibles Versagen einer oder mehrerer vitaler Funktionen 24

Koma 11
Konflikt zwischen den Interessen 46
Kontroll- oder Vollmachtsbetreuer 51
Krankheits- und Sterbeprozess 23
Krankheitsbild, spezifisches 22
Krankheitsverlauf, unheilbarer 26

Lebensbeendende Maßnahmen 20
Lebenserhaltende Maßnahmen 19
Lebensverkürzende Wirkung 24

Findex

Lebensverkürzung
- gezielte 10, 23
- unvermeidbare
Lebensverlängerung 15
Leidensverkürzung 15

Maßnahmen zur Verlängerung 24
Medizinische Maximalbehandlung 25
Medizinischer Befund 22
Missbrauch 79
Missbrauch der Vollmacht 45, 51
Mutmaßlicher Wille 18

Notar 16
Notarielle Beurkundung 42, 59

Patientenbrief 10
Patientenkartei 17
Patiententestament 10
Patientenverfügung 10
- allgemeine 22
- individuelle 22, 30
Patientenwille, mutmaßlicher 11
Persönliche Angelegenheiten 40, 42
Pflegepersonal 17

Pflichten des Arztes 23
Pflichtwidrigkeit 79
Psychopharmaka 50

Recht auf Selbstbestimmung 15
Rehabilitationsmaßnahmen 12, 49

Schenkung 48
Schlafmittel 50
Schmerzlinderung 24
Selbstbestimmungsrecht 40
Seniorenheim 12
Sterbehilfe 23
Sterbehilfe, aktive 10
Sterbevorgang 24

Tötung auf Verlangen 10

Unterbringung 43, 79
Untersuchungen des Gesundheitszustandes 43

Vermögensrechtliche Angelegenheiten 40
Vermögensrechtliche Wünsche 77

Findex

Vermögensverwaltung 40
Versagen von Heilbehandlungen 79
Verurteilung, strafrechtliche 23
Verzicht auf lebensverlängernde Maßnahmen 24
Vollmacht
– Bank- und Kontovollmacht 43, 48
– Doppelvollmacht 52
– Einzelvollmacht 47
– Generalvollmacht 47
– transmortale 41
Vollmachtsformen 47
Vormundschaftsgericht 12, 19, 76, 94
Vormundschaftsgerichtliche Genehmigung 20
Vorsorgevollmacht 11

Widerruf 21, 51
Wirksamkeit der Vollmacht 52